「歴鉄」のススメ

鉄道に乗ることを楽しむ「乗り鉄」、写真を撮って楽しむ「撮り鉄」、音を録音する「録り鉄」をはじめ、「模型鉄」、「駅鉄」、「時刻表鉄」、「音鉄」、「駅弁鉄」、「ゲーム鉄」など、鉄道にはさまざまな楽しみ方があるようだが、本書では「歴鉄」を提案したい。

「歴鉄」とは、〝鉄道の歴史を訪ね、今日までの変遷に思いをはせる〟という、新しい鉄道の楽しみ方だ。

鉄道には、語るべき歴史がある。時代に翻弄されながらも、厳しい条件の中で走り続けてきた鉄道。大手鉄道に挟まれながらも、個性を守り続けてきた鉄道。吸収と合併を乗り越え、社名を残してきた鉄道。その一つひとつに、波乱万丈の物語があり、それを知れば、知るほど、鉄道への愛情が深くなる。

本書は、２０１８年7月に出版した『小さな鉄道の小さな旅』の続編である。

声の大きい人、要領のいい人、主張の強い人。そんな人ばかりが得をする現在。私たちは「声が小さく、要領が良くなく、あまり主張しない」、だけど一生懸命に努力を続けている人たちに、スポットを当てたいと思う。

その知られざる魅力を、鉄道ファンだけではなく、そうでない方にも届くように紹介したいと思う。正続合わせた20の鉄道は、そのような基準で選んだ。

最後に、今回も作業をリードしてくれたパートナーの水崎薫さん、何かと危機を救ってくれた〝ゆいぽおと〟の山本直子さんに深く感謝したい。

長屋良行

小さな鉄道のぶらり旅　もくじ

10の小さな鉄道

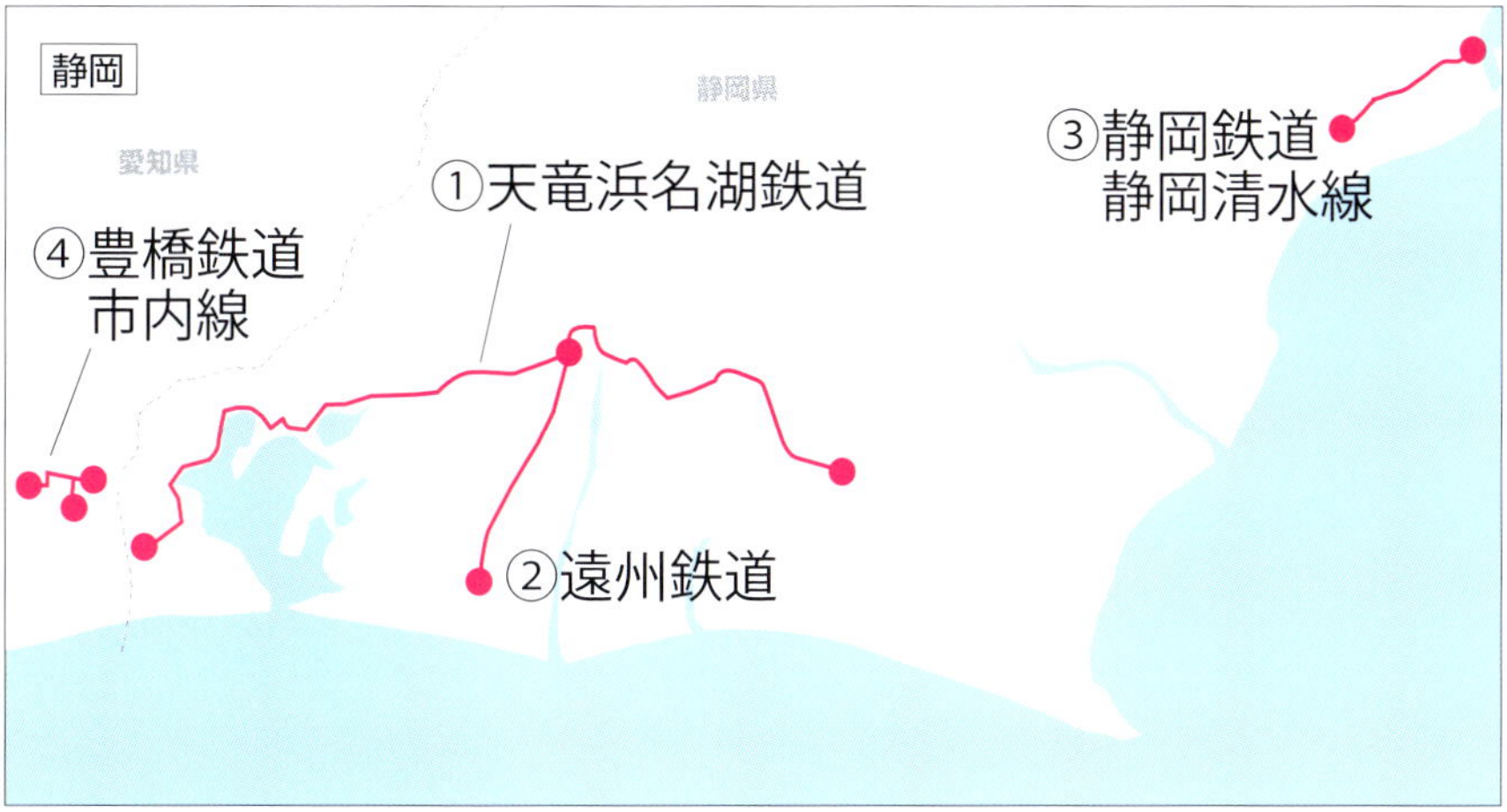
静岡
静岡県
愛知県
③静岡鉄道
静岡清水線
①天竜浜名湖鉄道
④豊橋鉄道
市内線
②遠州鉄道

近畿・東海
⑤東海交通事業 城北線
岐阜県
⑥リニモ
滋賀県
愛知県
⑩京阪大津線
⑨信楽高原鐵道
京都府
⑦伊勢鉄道
三重県
奈良県
⑧JR東海 名松線

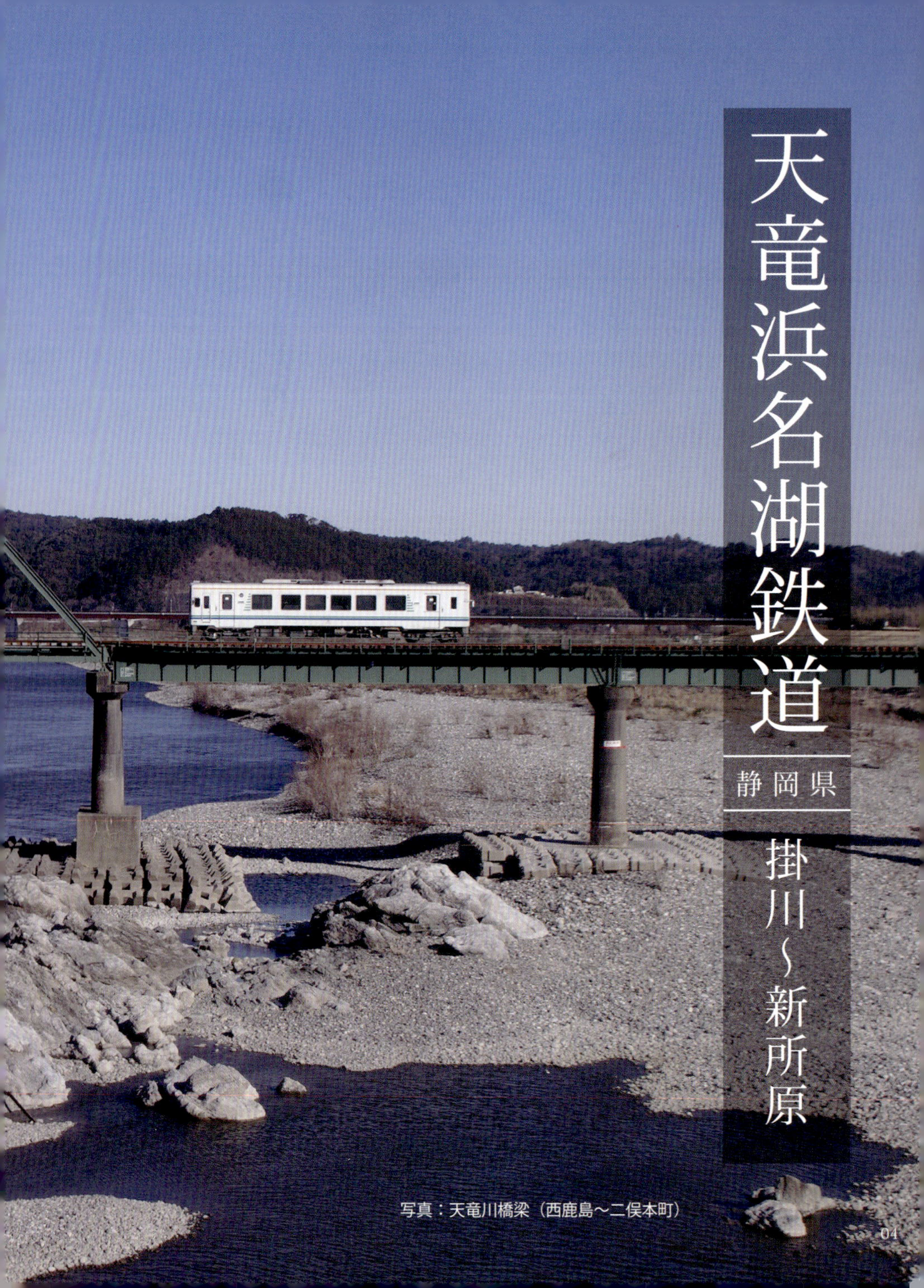

天竜浜名湖鉄道

静岡県

掛川～新所原

写真：天竜川橋梁（西鹿島～二俣本町）

みかんの香りが漂うプラットホーム。
碧い湖面を渡る風。
車窓に広がる茶畑や麦畑。
国鉄時代を偲ばせるノスタルジックな駅。
全長67・7㎞をゆったりのんびり。
浜名湖の北側を走る天浜線に乗って
「日本の原風景に出逢う旅」に
出かけよう。

基本データ

開　　業／1935(昭和10)年4月17日
駅　　数／39駅
路線距離／67.7㎞
軌　　間／1067mm
最高速度／80km/h

東海道本線のバイパスとしての旧二俣線
沿線自治体出資の第三セクターへ

有事に備えた迂回路線

　1922（大正11）年、改正鉄道敷設法が公布され、東海道本線の掛川と中央本線の大井（現在の恵那）が予定線となる。しかし、翌年に起きた関東大震災の影響で、建設計画は無期延期となった。10年後、区間を掛川〜新所原《しんじょはら》に改めて、二俣線として建設が再開。1940（昭和15）年6月、67・7㎞が全線開通し営業を開始した。

　翌年、太平洋戦争が始まると、二俣線は、東海道本線の天竜川や浜名湖の橋梁が破壊された場合に備えた迂回路線と位置づけられる。実際に空襲や東南海地震による被災、戦後の貨物列車転覆事故の影響で、東海道本線の列車が迂回運転した記録が残っている。

　戦後の混乱期には、客貨混合列車を運行。豊橋や焼津方面から物資を運ぶ行商人の姿が多く見られたという。1953（昭和28）年、客車全車両をディーゼル車に置き換えるなど、動力の近代化も図られ、昭和30年代の最盛期には、年間500万人を運んだ。金指《かなさし》のセメントはじめ、木材や石炭などの貨物輸送も隆盛を極めた。

　しかし、モータリゼーションの進展に伴い利用者は減少し、通学のための高校生の利用が半数を占めるという赤字ローカル線となる。1966（昭和41）年、遠州森まで乗り入れていた遠州鉄道の乗り入れ運転が廃止。1971（昭和46）年には蒸気機関車の運転も終了する。

第三セクター転換と関連事業

　1980（昭和55）年になると、地元自治体で、二俣線の存続かバスへの転換を図るかを話し合うようになる。1984（昭和59）年、国鉄再建法に基づき、二俣線が特定地方交通線となると、第三セク

写真中：1940 年、全線開通当時／天竜浜名湖鉄道株式会社提供
写真下：二俣線「さよなら蒸気機関車号」／天竜浜名湖鉄道株式会社提供

ター化での鉄道の存続を決断する。

　１９８５（昭和60）年、二俣貨物列車廃止。

　１９８７（昭和62）年、二俣線は天竜浜名湖鉄道として再出発する。静岡県と沿線の12市町村、有力企業が出資し、社長には掛川市長が就任した。

　本社を現在の天竜二俣駅に移転。アスモ駅前、気賀高校前（現在の岡地）など、駅を新設して利便性の向上を図るとともに、既存の駅舎を改造して飲食や物販など、さまざまな店舗を併設。ユニークな経営を展開する。周辺の道路が整備されており、駅前に駐車スペースが多いこともあって、鉄道利用者に加えて車での来客も多く訪れることになる。

　１９８８（昭和63）年、いこいの広場、原田、円田、浜松大学前（現在の常葉大学前）、奥浜名湖の各駅が開業。
　１９８９（平成元）年、金指～新所原間を電子閉塞に切り替え、全線の電子閉塞化が完了し、タブレット閉塞は廃止された。
　１９９５（平成7）年、新型車両ＴＨ３０００型導入。翌年、出発式が行われた。また、初の快速列車も運転を開始する。同年、掛川市役所前駅、フルーツパーク駅開業。

全線が国の登録有形文化財に

　１９９８（平成10）年、天竜二俣駅構内の転車台など5つの施設が国の登録有形文化財となる。以後、鉄道文化の保存と発信を続ける一方、新型車両も積極的に導入。２００１（平成13）年にＴＨ２０００型、２００３（平成15）年から3年かけてＴＨ２１００型を導入して車両の更新を完了した。

　２００９（平成21）年、大森駅開業、翌年には国鉄二俣線全線開通から70周年を迎えた。

　２０１０（平成22）年、天竜浜名湖鉄道全線にわたる計36の施設が国の登録有形文化財に登録された。昭和初期の鉄道施設が多数残っていることを路線の最大の特徴とし、見学ツアーを企画し、変化に富んだ車窓風景から観光路線としてさらにアピール。「日本の原風景に出逢う旅」をキャッチフレーズにして乗客の誘致を進め、厳しい経営環境に立ち向かうべく努力を続けている。

写真上：天竜浜名湖鉄道開業／天竜浜名湖鉄道株式会社提供
写真下：フルーツパーク駅開業式典／天竜浜名湖鉄道株式会社提供

ぶらり旅

大人気の転車台 郷愁誘う天竜二俣駅へ

ユリカモメがやって来る 波打ち際の駅

天竜浜名湖鉄道、通称「天浜線」の起点は東の掛川であるが、天竜二俣駅をめざす今回の旅は西の終点新所原駅からスタートする。新所原は静岡県最西端の駅で、ＪＲ東海道本線への乗換駅。かつて国鉄二俣線からの直通列車が東海道本線を跨いでいたガーダー橋橋脚と築堤が残っている。

天浜線の各駅には、さまざまな飲食のお店が併設されていて、途中下車するだけでグルメめぐりができる。ここ新所原の駅舎内には「駅のうなぎ屋 やまよし」があ

写真上：天竜二俣駅の転車台
写真下：新所原駅ホーム

る。漂う香ばしい匂いを我慢して、待っている列車に乗り込もう。

ゆっくり動き出した列車は、左にカーブして、東海道本線から離れ、木立の中に入り、最初の駅「アスモ前」に着く。自動車部品メーカーの工場前にあり、利用者のほとんどがここの社員だ。

大森駅を過ぎ知波田《ちばた》駅へ。駅舎には歯科医院が併設されている。もう浜名湖に近く、周辺には、今川氏の出城・宇津山城址やマリーナがある。

ここまでは湖西市で、次の尾奈から浜松市に入る。この間、広大なみかん畑が満喫できる。尾奈は春には桜が迎えてくれる木造2階建ての駅。大きな魚籠からうなぎが顔をだしている建物のユニークなトイレがある。

みかん畑に出迎えられて、奥浜名湖駅に到着。季節にはホームにまで甘酸っぱい香りが漂って

くる。みかん畑は、次の三ヶ日まで多く見られ、浜名湖を望みながらのみかん狩は多くの人で賑わう。

喫茶「グラニーズバーガー&カフェ」併設の三ヶ日駅は、通勤・通学の利用客が多い、活気あふれる駅。本屋は文化財。桑田佳祐が「白い恋人達」を弾き語りするコーラのCMが撮影されたこともある。

列車は、猪鼻《いのはな》湖畔の穏やかな風景の中を象の形のトイレがある都筑駅、みかんの形のトイレがある東都筑駅へと走る。

波打ち際の駅、浜名湖佐久米《さくめ》駅。ホームには、毎年11月から3月にかけて、ユリカモメの大群がやってきて、冬の風物詩となっている。駅舎にある喫茶「かとれあ」のカウンターでは、そんな光景を眺めな

写真上：浜名湖　写真中：三ヶ日のみかん畑
写真下：浜名湖佐久米駅ホーム

がらゆっくりくつろげる。浜名湖が眼の前に広がり、対岸に舘山寺温泉を望む絶好のビューポイトである。

はるか昔、坂上田村麻呂将軍が東征の折に、峠で一寸座《ちょっと》って休憩したという由来をもつ寸座《すんざ》駅。高台の斜面に張り付くように建っている。

大河ドラマで活躍 直虎かりの井伊谷へ

湖畔に沿って走ると、列車交換の行われる西気賀駅。文化財になっている待合室には、洋食「グリル八雲」がある。

駅北側にある山の中腹に登ると、「小引佐《こいなさ》」と呼ばれる場所があり、「姫街道」でもっとも眺めがよいところとして知られている。浜名湖奥部の入り江「引佐細江(細江湖)」が一望できる。湖に突き出た五味半島は、天皇陛下が皇太子だった頃この地で夏をすごされたことから、「プリンス岬」とも呼ばれている。

右手に湖岸、左に田園を眺めながら走る列車は、気賀駅へ。本屋、上屋、プラットホームが文化財に登録されており、「中華屋　貴長」が併設されている。気賀は江戸時代、姫街道の関所が置かれており、駅の南には復元された関所があり、多くの観光客が訪れるが、ひときわ賑やかになるのが春。町の一大イベント「姫様道中」が毎年4月の第一土日に開催され、姫様と腰元たちの大行列が、桜の咲き誇る都田川堤を練り歩く。

気賀駅を出てすぐ、列車は「気賀町高架橋」を渡る。姫街道や市道などを跨ぐ全長90mのRC造

写真上：西気賀駅　写真中：西気賀～気賀　写真下右：気賀駅
写真下左上：気賀関所　写真下左下：都田川堤

高架橋で、これも登録有形文化財だ。

岡地駅《おかじ》（気賀高校前駅から名称変更）の次が列車交換のある金指駅《かなさし》。木造の駅舎の上屋とプラットホーム、高架貯水槽が文化財に登録されている。学生の利用も多く、最近、「窯焼きピザpiazza〈ピアッツァ〉」がオープンした。2017（平成29）年のNHK大河ドラマ「おんな城主 直虎」で注目された井伊谷《いいのや》への玄関口で、当時は多くの観光客がやってきたという。

ここでいくつか観光スポットを回ってみよう。駅から国道に出て、「金指」停から遠鉄バスに乗車し、「井伊谷宮前」で下車。

南北朝時代に活躍した後醍醐天皇の皇子・宗良親王を祀る旧官《かん》幣中社《へいちゅうしゃ》がある。

井伊家の菩提寺「龍潭寺《りょうたんじ》」はそこから歩いてすぐだ。小堀遠州作の庭園や、左甚五郎の龍の彫り物、鶯張りの廊下など見所が多い。少し離れているが、渭伊《いい》神社境内にある巨岩を神の依代《よりしろ》とした古代祭祀の遺跡「天白《てんぱく》磐座《いわくら》遺跡」では、ドラマのワンシーンが蘇るかもしれない。

標高約115mの丘陵に築かれた「井伊谷城」は、山麓の居館、詰め城・三岳城とともに井伊氏の本拠地だった。現在は城山公園として整備されており、井伊谷の眺望が楽しめる。

桜並木に囲まれたマリメッコの世界へ

列車交換のため金指駅で停車していた列車は、下り列車が到着す

写真上右：気賀町高架橋　写真上左：金指駅　写真中右：龍潭寺庭園
写真中左：天白磐座遺跡　写真下：井伊谷城跡から三岳城跡を望む

ると、再び動き出した。常葉大学前駅（浜松大学の名称変更に伴い改名）を過ぎ、桜並木に囲まれた都田《みやこだ》駅に近づくと、ホームのテラス席でくつろぐ人の姿、カラフルな色彩にあふれた駅舎が目に入る。ここは「駅Ｃａｆｅ」。築80年の駅舎を、地元のライフスタイル企業「都田建設ドロフィーズ」がリノベーションしたもので、マリメッコスタイルに彩られた店内は、北欧ファブリックパネルが壁一面に飾られている。贅沢なティータイムが過ごせると、若い女性に大人気だ。

　天浜線には、同じくドロフィーズの協力による「スローライフトレイン」が走っている。マリメッコの生地で作られたカーテン、ヘッドレストカバーで模様替えされたレトロな車両で、こちらも人気が高い（運行日はＨＰで）。

　都田駅を後にした列車は、次のフルーツパーク駅の手前で「都田川橋梁」を渡る。浜名湖に注ぐ都田川は、気賀駅からここまで並行してきたのだ。天浜線でいちばん高い橋で、車窓からの景色もすばらしいので、お見逃しなく。

　緑に囲まれた森のトンネルを抜けると、宮口駅。本屋、プラットホーム、待合所が文化財登録されており、駅中グルメ「はままつ88」がある。下り列車には、この駅で折り返す便が数本ある。

　安産子育ての寺として知られる寺の最寄り駅「岩水寺」は、木造の旧駅舎を取り壊し、ホームに待合所を設けた。その待合所とプラットホームが文化財となっている。

　次の西鹿島駅に着くと、隣の

写真上：常葉大学前～都田　写真中右：都田駅カフェ（2点とも）
写真中左：スローライフトレイン　写真下：都田川橋梁

ホームに赤い列車が見える。遠州鉄道の車両だ。ここは、天竜浜名湖鉄道と遠州鉄道の二つの鉄道の接続駅で、共同使用駅となっている。遠鉄は終着の直営駅で列車別改札、天浜線は無人駅の扱い(車内清算)だ。外に出る機会があれば、モルタルつくりのモダンな駅舎であることがわかるだろう。

ノスタルジックな駅 昭和の香りがする町

西鹿島駅と二俣本町駅の間では、スピードを落として「天竜川橋梁」を渡る。天竜川は、諏訪湖を源流とし、伊那谷を南下して静岡県に入り、遠州灘へと注ぐ。鉄橋の上では、眼下を流れる雄大な天竜川の眺望を楽しもう。

天竜川を渡りきるとトンネルに入り、右に大きくカーブを切って、二俣本町駅に停車。後で紹介する「鳥羽山公園」や「二俣城址」の最寄り駅である。2019年5月に、駅舎をリノベーションした「駅舎ホテル INN MY LIFE」がオープンして話題になった。

そして、二俣本町からわずか1分ほどで、いよいよ今回の旅の目的地、天竜二俣駅に到着だ。

本屋とともに文化財に登録されているホームに降り立つとそこには、ノスタルジックなムードが漂っている。留置線の奥に見えるのが転車台などの施設群だろう。下りの線路を渡って、駅舎へ。ここには天竜浜名湖鉄道の本社も入っている。運転区には普段は入れないが、「転車台&鉄道歴史館見学ツアー」に参加すれば、貴重な鉄道遺産の数々を見ることができる。予約は不要、13時50分まで(土・日・祝は10時50分の

写真上：岩水寺～西鹿島　写真中：天竜川橋梁　写真下：天竜二俣駅ホーム

回もある）に待合室に集合すればい い。ツアー料金は、大人250円(天浜線以外で来た場合は350円)、小人100円だ。

まずは、SL時代の運転区休憩所・事務室へ。振り返ると高架貯水槽も見える。浴場では、疲れを癒す機関士たちの声が聞こえてくるようだ。

国鉄二俣線開業の1940（昭和15）年に建設された転車台は、直径約18・4m。奥にある扇形車庫に入れるため、車両を乗せたブリッジ部分を、円に沿って電動で押して回す。以前は人力だったそうだ。

車庫に併設された鉄道歴史館には、国鉄時代の貴重な道具類や資料がぎっしりと並んでいる。鉄道ファンならずとも、時間を忘れて夢中になれるはずだ。

見学を終えたら腹ごしらえ。駅舎内にある「ホームラン軒」で、昭和な中華そばを味わってみてはいかがだろう。

さて、食事の後は、〝昭和の香りがする町〟二俣の町を歩いてみよう。

まずは駅舎の、道を挟んだ向かいにある「機関車公園」。旧国鉄時代に活躍したC58形蒸気機関車が展示されている。

通りを西に歩き、双竜橋を越え直進すれば「二俣城址」に登っていける（北に曲がると、二俣出身の本田宗一郎の「ものづくり記念館」に至る）。二俣城は天竜川と二俣川に挟まれた城で、武田信玄・勝頼親子と徳川家康が激しい攻防を繰り広げたところ。家康の嫡男・信康が切腹を遂げた悲劇の城である。天竜川沿いに歩けば、家康が二俣城を攻めるときに付け城とした「鳥羽山城」にも行ける。「鳥羽山公園」として整備されており、展望台からは天竜川橋梁が見下ろせる。運よく、小さな車両が渡っていく姿が見えたなら、座席に座る自分の姿を思い浮かべてみよう。

写真上上：運転区事務室　写真上下：浴場　写真中右：転車台　写真中左：鉄道歴史館
写真下：二俣城址
※各駅併設の店舗の営業時間・定休日等は事前にご確認のうえ、お出かけください。

■日本の原風景の中に「遠江」と「遠州」を冠した駅

天竜二俣駅から先、東ルートを辿ってみよう。列車は川に沿って右にカーブを切り磐田市に入る。夏になると釣人で賑わう、天竜川にいちばん近い駅「上野部《かみのべ》」を過ぎると、川から離れ山裾を走り、遠州屈指の梅の名所に近い豊岡駅、駅舎内に簡易郵便局を併設した敷地駅と順に停車していく。袋井市に入ると、左手の斜面に大規模な茶畑、右手には麦畑が広がる。まさに日本の原風景を実感できるひとときだ。左前方に山が迫ると、列車はそれを避けるようにカーブし、天浜線で唯一「遠江《とおとうみ》」を冠する駅「遠江一宮」に着く。木造駅舎内には、手打ち蕎麦の店「百々《もも》や」がある。遠江国一の宮「小國《おくに》神社」の最寄り駅で、紅葉シーズンなど不定期でバスが運行されている。

木々のトンネルを縫って、列車は円田駅へ。天浜線29番目の駅「森町病院前」を経由して、今度は唯一「遠州」のつく駅「遠州森」に至る。遠州の小京都とよばれる森町の玄関口で、近くに森の石松の墓で知られる「大洞院《だいとういん》」がある。

太田川橋梁を渡ると戸綿駅。高い位置にあり、町と茶園が一望できる。新茶刈り取りの季節には、お茶の香りがホームに漂う。

掛川市に入り、新東名高速を潜ると、菖蒲園で有名な「加茂荘」の最寄駅「原田」。原野谷川橋梁を挟んで、原谷《はらのや》駅がある。TVドラマ「ウォーターボーイズ」では、姫野駅として登場した。細谷駅、いこいの広場駅を過ぎて桜木駅までは、田園風景の中を線路と並走する直線道路があり、「田園滑走路」と呼ばれるサイクリングの名所になっている。桜木駅の周辺には大手企業が集まっているが、その代表はヤマハ。掛川工場はピアノの国内最大の生産地である。

乗車時間2時間を超える長い列車の旅も終わりが近い。西掛川駅を出て、春には堤防に菜の花が咲き誇る逆川《さかがわ》を渡ると掛川市役所前駅。そして天浜線の終着駅掛川駅に到着する。「掛川城」「掛川花鳥園」は徒歩圏内だ。

写真上：敷地～遠江一宮の茶畑／天竜浜名湖鉄道株式会社提供　写真中：小國神社
写真下：ヤマハ掛川工場／ヤマハ株式会社提供

天竜浜名湖鉄道の車両

●TH2100形

開業当時からのTH1形を置き換える目的で、2001（平成13）年に登場した現在の主力車両。全長18.5mで、座席はセミクロスシート。駆動機関は米国カミンズディーゼル社製の350馬力、変速機は日立ニコトランスミッション製を搭載している。低速域からの直接段投入とパワーオンシフトによる燃費と、加速力の向上が計られている。台車は2軸駆動で、一部の車両には急勾配区間の空転対策として砂まき装置が設置された。

●9200形式

構造はTH2100形とほぼ同じだが、団体列車としての運用を想定して、転換クロスシート、AV設備等を備えた特別車両となっている。外装デザインは一般公募されたもので、白ベースにブルー、オレンジ、グリーンが鮮やかに彩られたカラフルな車体デザインとなっている。宝くじの助成を受けて導入されたため、「宝くじ号」の表記が入っている。TH9200形の「92」は、宝くじの「くじ」からとられている。

●TH3000形

輸送力増強のため、1995（平成7）年に増備された車両で、2両が投入された。18.5mの車体で、カミンズ社製の350馬力のエンジンを搭載。クリーム色にオレンジの濃淡のストライプという外装で、登場時は異彩を放った。TH3502は休車扱いを経て廃車・解体されたが、TH3501は一時期トロッコ列車用となり、マルーンとクリーム色に塗色変更され、今も活躍している。天浜線の車両の中で、唯一窓が開けられるタイプである。

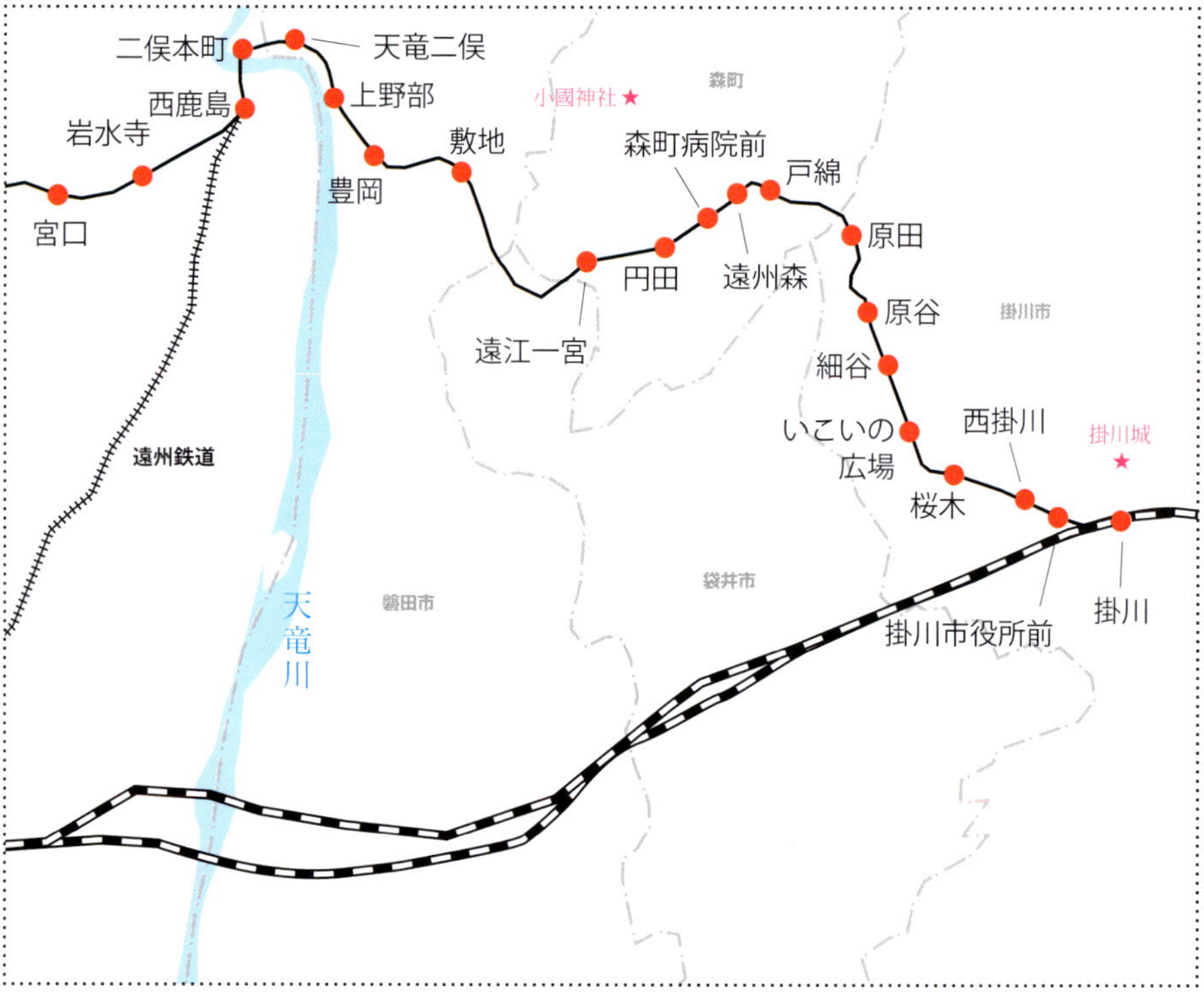

写真：すべて天竜浜名湖鉄道提供

お得なきっぷ

※下記のすべてのきっぷに、
沿線の指定施設で割引等の特典付

●１日フリーきっぷ
天浜線全線乗り降り自由
大人 1,750円／小人 880円

●みかんきっぷ
新所原駅〜天竜二俣駅の区間が
利用日当日（1日）乗り降り自由
大人 1,430円／小人 720円

●茶畑きっぷ
掛川駅〜西鹿島駅の区間が
利用日当日（1日）乗り降り自由
大人 1,430円／小人 720円

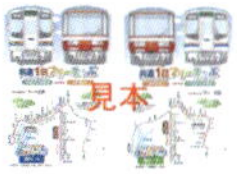

●天浜線・遠州鉄道１日フリーきっぷ
東ルート：掛川駅〜西鹿島駅＋遠鉄全線
西ルート：天竜二俣駅〜新所原駅＋遠鉄全線
大人 1.480円／小人 740円

天竜浜名湖鉄道株式会社
TEL 053-925-2276（本社営業課）http://www.tenhama.co.jp/

主な駅までの所要時間と運賃

新所原駅から	・三ケ日	19分	480円
	・金指	44分	710円
	・西鹿島	70分	1,010円
	・天竜二俣	74分	1,010円
	・遠州森	103分	1,300円
	・掛川	130分	1,470円

※こども運賃は、おとなの運賃の半額。
（10円未満は10円に切り上げ）

■天浜線をもっと楽しみたいなら

●転車台＆鉄道歴史館見学ツアー
転車台と鉄道歴史館を見学。

●洗って！回って！電車でGO！
洗車機と転車台の乗車体験。

●貸切イベント
車両を貸し切って、車内で宴会や
カラオケが楽しめる。

**※詳細はホームページまたは
駅備え付けのチラシをご覧ください**

路線図

遠州鉄道

静岡県

新浜松～西鹿島

スパニッシュレッドで統一された車体。
林立するビルの間を縫って「赤電」がゆく。
浜松の市街地を見下ろしながら
高架線で駆け抜ける。
やがて地上に降り、住宅地を過ぎると、
北遠の玄関口が待っている。

基本データ

開業／1909(明治42)年12月6日
駅数／18駅　路線距離／17.8km
軌間／1067mm
最高速度／70km

写真：第一通り～遠州病院

■遠州鉄道のあゆみ

高度成長時代の足として浜松の発展を支えた鉄道

地域を結ぶ軽便鉄道の時代

1900年代に入り、政府は私鉄建設を奨励。私設鉄道法や軽便鉄道法を公布すると、浜松でも二つの私設軽便鉄道会社が創立された。

一つは遠州鉄道の前身である「浜松鉄道」で、1907(明治40)年、中村忠七ら地元の有力者が発起人となって設立。翌年、社長に招聘された〝軽便鉄道王〟雨宮敬次郎が提唱した「大日本軌道」と合併して同社の浜松支店となり、1909(明治42)年に浜松～鹿島《かじま》間17・7㎞の鹿島線(二俣線)が開業した。同年には中ノ町線の馬込～萱場間も開業した(翌年、板屋町まで延伸して、鹿島線に接続した)。

もう一つは「浜松軽便鉄道」。中村忠七や引佐《いなさ》郡の有志たちによって1912(明治45)年に設立され、翌年に元城から金指《かなさし》間45・5㎞が開通。1915(大正4)年に「浜松鉄道」と改称し、元城～板屋町、金指～気賀へも延伸した(後に終点の奥山まで全通)。

1914(大正3)年、大日本軌道浜松支店が、西ヶ崎を基点に綿織物の産地・笠井と結ぶ笠井線を開業。このころ始まった第一次世界大戦による好況で、北遠地方で産出される鉱石や製紙などの貨物輸送が増えると、浜松支店は地元発展をめざす声に押されて独立を志向。大日本軌道から営業権を譲り受け、天竜運輸を中心に地元資本の新会社「遠州軌道」が発足した。1922(大正11)年、社名を「遠州電気鉄道」に改めると、翌年には浜松～鹿島間を電化。軌間も1067㎜に広がった。

また、遠州電気鉄道の出資で、「西遠軌道」(後に「西遠鉄道」に改称)が設立。改軌で不要となったレールや車両を活用して、1924(大正13)年、鹿島線の貴布祢《きぶね》(現浜北)から宮口までを開業した。

1925(大正14)年、遠州電気鉄道は分社化して新会社「浜松軌道」(後に「浜松電気鉄道」に改称)を設立。業績が悪化していた中ノ町線と笠井線を譲渡した。

1927(昭和2)年、東海道本線浜松駅前に旭町(後の初代新浜松)駅開業。旭町から一旦東に進み、従来の起点馬込《まごめ》駅では、私鉄でも珍しいスイッチバックをして北上する路線となった。

　１９２９（昭和４）年、旭町駅に駅ビル開業。大型車両も導入して輸送は拡大。しかしバスの普及で乗客を奪われ、１９３７（昭和12）年、中ノ町線廃止。さらに競合となる国鉄二俣線の建設が始まると西遠鉄道も廃止となった（後に笠井線も廃止となる）。

　１９４０（昭和15）年、国鉄二俣線（現天竜浜名湖鉄道）が全通。鹿島駅から改称した西鹿島駅が共通使用駅となった（奥山線とは金指で接続）。

遠州鉄道の誕生と近代化

　１９４３（昭和18）年、太平洋戦争の戦局が激しくなると、浜松自動車等10社の交通機関が合併して「遠州鉄道」が誕生した。現在の遠鉄である。

　太平洋戦争末期、１９４５（昭和20）年の大空襲では、遠鉄の施設が破壊され線路も寸断されたが、1日も運休することなく、貨車に乗客を詰め必死に走り続けた。

　１９４７（昭和22）年、浜松鉄道が遠州鉄道に合併され、遠州鉄道奥山線となる。路線が増えたこともあって、遠州鉄道は翌年度には年間輸送人員１１４０万人の最高記録を残している。その後電化や気道車化が進むが、奥山線は施設の老朽化などを理由に、１９６４（昭和39）年に全廃となった。

　１９７０年代に入ると、７５０ボルト昇圧をはじめ、ＣＴＣやＡＴＣの導入などの近代化が図られる。１９７９（昭和54）年10月、東海道本線の高架化工事が完成。駅周辺も飛躍的な発展を遂げた。遠鉄も１０００形車両の導入、12分毎の高頻度運行など、都市型路線としての調整が進んだ。

　１９８０（昭和55）年に着手した新浜松～助信《すけのぶ》間の高架化が完成したのは１９８５（昭和60）年12月。これに伴い新浜松駅は現在の中区鍛治町に移転、ルートや駅の配置も変わった。

　1989(平成元)年にETカード、１９９９（平成11）年に２０００形導入。そして、２０１２年11月、ついに助信～上島《かみじま》の高架化完成。周辺道路の整備、交通渋滞の緩和、市街地の一体化が図られた。
　２０１７年度の乗客数は、49年ぶりに１０００万人に到達。浜松市の人口は減ったそうだが、市の中心部と内陸部を結ぶ沿線の人口は増えているという。

写真：遠州病院前駅北側の高架工事／遠州鉄道株式会社提供

出世城　城下町を歩く 楽器の街を体感する

ビルの間の高架線を走る 空中散歩に出かけよう

ＪＲ浜松駅北口を出ると、右手にアクトタワーを擁するアクトシティ浜松が見える。国際ピアノコンクールが行われるホールや、日本唯一の楽器博物館がある、音楽の街・浜松のシンボルだ。

そして、左手、ギャラリーモール・ソラモを抜けた奥に遠州鉄道の起点・新浜松駅がある。改札は2階で、連絡橋で遠鉄百貨店本館とつながっている。3階にあるホームは2面2線で、向かいのラッシュ

写真上：浜松城
写真下上：新浜松駅ホーム　写真下下：新浜松駅

時用のホームには、旧形の車両が留置されている。12分間隔の運行で、00、12、24、36、48と発車時刻も覚えやすい。

西鹿島方面から到着した折り返しの電車に乗り込んで、さあ出発。林立するビルの合間を右にゆっくりカーブしながら、市街地を単線の高架線で抜けて行く。

500mほどで、第一通り駅。繁華街の真ん中だが、高架下は人々が集う公園になっている。遠州鉄道は18駅のうち16駅で列車交換が可能で、高頻度運行を実現しているが、ここは交換できない駅の一つだ。

マンションの間を左にカーブすると、すぐに遠州病院駅に着く。複合施設クリエート浜松が隣接、県総合庁舎や市役所も近い。浜松城方面への散策ルート「家康の散歩道」のスタート地点でもある。

徳川秀忠公誕生の井戸から、椿姫神社、東照宮(引間城跡)、浜松城から太刀洗い池へと巡る歴史の道だ。

次の駅は八幡。西側にヤマハ本社が隣接するが、構内の研究・開発拠点イノベーションセンターの1階に、2018年、一般の人も見学できる企業ミュージアム「イノベーションロード」がオープンした。ヤマハの過去から未来へ続く挑戦の歴史を体感できる施設だ(要予約)。

写真上：新浜松～第一通り　写真中右：遠州病院駅　写真中左：東照宮（引間城跡）
写真下：イノベーションロード／ヤマハ株式会社提供

東側にある「浜松八幡宮」は、浜松城の鬼門に位置し、家康公も度々参拝したと伝えられている。遠州鉄道も、新車納入の際にはここで安全祈願を行うという。

八幡を出ると、ほぼ同じデザインの高架駅が続く。助信《すけのぶ》駅あたりになるとビルがなくなり、視野が広がって気持ちがいい。この助信という駅名は、浜松郡曳馬《ひくま》村大字助信という古い地名に由来するという。

次の曳馬も地名からで、同村大字島ノ郷から島ノ郷と命名されたが、高架化を機に現在の曳馬駅に改称された。

ここまで続いてきた高架線は、次の上島《かみじま》駅を過ぎると、川を越え、民家の間をゆっくりと地上に下っていく。都市型鉄道から、郊外を走るローカル鉄道の雰囲気に変わって行く瞬間を味わえる。

ベッドタウンを北上する郊外型電車に変身

地上に降りた電車は、マンションの一階を駅舎にしている自動車学校前に到着する。その名のとおり、すぐ北側に「遠鉄自動車学校浜松校」がある。開業当時は、大きな市場があったので、市場駅と呼ばれていた。遠州鉄道はその跡地を貨物ターミナルを造る目的で取得したが、モータリゼーションの波を受け貨物輸送が激減、計画は頓挫する。そのかわりにマイカーブームを逆手にとって、当時珍しかった自動車教習所に転用したのである。

近くの八坂神社に鷺がいたことに由来するさぎの宮を経て、前漢の思想書『淮南子《えなんじ》』から採られた積志《せきし》に着く。列車交換駅であるが、なぜか電車は通常とは逆の右側通行で進入してくる。

写真上右：浜松八幡宮　写真上左：遠州病院～八幡
写真中：上島～自動車学校前

積志を出た電車は、住宅街を大きなS字カーブを描いて走り、西ヶ崎駅へ。ここには遠州鉄道の鉄道営業所がある。駅北東には側線があり、保線用の小さな機関車と貨車が留置されている。

ここから電車は、住宅街の中を秋葉《あきは》街道に沿って走る。太平洋側からの「塩の道」で、かの武田信玄もこの道を通って遠州を攻めた。

「小松」に続く「浜北」は、最近改築された新しい駅で、浜松市浜北の玄関口である。区役所や文化センターが近い。

桜の季節にぜひ訪れていただきたいのが、美薗《みその》中央公園駅のすぐ横につづく広い公園。家族連れの憩いの場となっている。

美薗中央公園駅を出るとぐっと秋葉街道が近づく場所があるので、ぜひ車窓に注目を。

県立浜松高校が近くにある小林駅は、登下校時に学生たちで賑わう。このあたりの駅は市民生活に欠かせない駅になっているようだ。

芝本駅の手前で、部分的に高架となり、その間に国道152号を越える。2012（平成24）年に高架化されたのだが、その際に残った地上線部分も見ることができる。

丸太組のログハウスのようなつくりの駅舎が特徴的な岩水寺《がんすいじ》駅。安産祈願で有名な「岩水寺」へは、徒歩20分ほどだ。東西両方向からの乗降が可能だが、遠州鉄道の全18

写真上右：西ヶ崎駅の機関車と貨車　写真上左：浜北駅　写真中：美薗中央公園駅
写真下：美薗中央公園～小林

駅の中で最も乗降客が少ない駅だそうだ。ホーム上屋に使われている旧いレールは、軽便鉄道時代に使われていたものである。

岩水寺駅を後にし、左手に現れる竹林の森を過ぎると終点の西鹿島駅だ。天竜浜名湖鉄道との共同使用駅で、1面1線をそれぞれが使用している。ホームの奥には、遠州鉄道の車両基地がある。

西鹿島は北遠の玄関駅で、天竜杉をイメージさせる山小屋風の瀟洒な駅舎は魅力的。改札を出たら、ぜひその外観も楽しんでいただきたい。

天浜線に乗り継いで西に東に旅は広がる

この駅がひときわ賑わいを見せるイベントがある。徒歩圏内の天竜川で、毎年8月に開催される「鹿島の花火」だ。浜松市天竜区で１４０年余続く歴史有る花火大会で、10号玉、スターマイン、仕掛け花火など約４００発が、夜空と川面を彩り、炸裂音は山々にこだまする。

西鹿島駅から天竜浜名湖鉄道に乗り継げば、西方面には、伊井直虎ゆかりの地があり、さらに浜名湖に沿って走ると静岡県の西端、新所原に至る。

東に向かえば、天竜二俣、遠江一宮を通って終点の掛川までいける。西鹿島を基点に、旅の選択肢はますます広がるだろう。

写真上右：岩水寺駅　写真上左：西鹿島駅の車両基地　写真中：西鹿島駅
写真下：鹿島の花火／天竜区観光協会 天竜支部提供

■遠州鉄道の廃止線 奥山線の遺構を巡る

かつて浜松市内から三方原《みかたはら》台地を北上し、国鉄二俣線の金指駅を経由して引佐《いなさ》の奥山までを結んでいた遠州鉄道奥山線。1964（昭和39）年の廃線から50年以上経った今でも、痕跡や遺構が残っている。そのいくつかを訪ねてみよう。

まずは、市街地から。遠州鉄道の遠州病院前駅に隣接する浜松市の複合施設「クリエート浜松」が、奥山線の起点・遠鉄浜松駅があったところ。建物の北東に碑が立ち、

北側には線路跡をなぞった歩道が整備されている。

ここから西、浜松城の方向に歩き浜松城公園へ。公園の北にそびえる「ホテルコンコルド浜松」は、旧元城駅および車庫と工場があったところだ。以前は、ホテルの玄関のところに碑が立っていたが、今は撤去されている。

ホテルコンコルドと浜松城公園の間の道を西に進むと、三方原台地へ向う切通しにあるトンネルが見えてくる。奥山線の「亀山トンネル」だ。往時のままではなく、サイクリングロードとして整備されてはいるが、入り口とトンネル内には、軽便鉄道の歴史を紹介するパネルや写真が飾られていて、当時の様子を偲ぶことができる。

この先の路線は、自動車道に転用され、目立った遺構は残っていないので、現在の天浜線金指駅まで移動する（遠州鉄道または遠鉄バス上系統利用）。

金指駅の西には、奥山線最大の遺構、国鉄二俣線との立体交差跡がある。軌道があった築堤は削られて、コンクリート部分だけが残っている。

最後に遠鉄バスで奥山へ（途中の、引佐の横尾地区にある南部中学の西側を流れる神宮寺川にも奥山線の橋梁がある）。

終点の奥山駅の跡地は、現在遠鉄バスの車庫になっている。その手前、神宮寺川の支流に架かる橋台と橋体の一部が残っている。

写真上：クリエート浜松　写真中：亀山トンネル　写真下右：立体交差跡
写真下左：橋台と橋体

遠州鉄道の車両

●2000形式

1999(平成11)年4月に営業運転を開始。遠州鉄道では初のVVVFインバータ制御を採用し、現行の1000形の車体デザインを踏襲しながら、省エネルギー及びメンテナンスフリーを実現した。形式称号の2000には、21世紀に向けての新型高性能電車の意味が込められていた。

●1000形式

従来車の代替のため、1983(昭和58)年から1996(平成8)年にかけて14両が新造された。JR浜松駅の都市開発と、遠州鉄道高架化に対応してスタイリングが一新された。遠州鉄道初の3扉構造を採用したロングシート車。

●ED282

1925(大正14)年、イギリスのノースブリティッシュ・イングリッシュエレクトリック社製の電気機関車。もとは豊川鉄道のデキ51で、国鉄に買収され飯田線の一部となったときに国鉄の形式の機関車ED28となる。国鉄で廃車となった後、遠州鉄道に来て、ED282として現在も工事用として使用(西ヶ崎駅の側線に、ホキ800形貨物車とともに留置)。

過去の車両

●30形式

遠州鉄道初の前鋼製客車で、1961(昭和35)年より赤色塗装された。この形式車両は1981(昭和55)年まで導入が続いたが、2018(平成30)年4月に、モハ25号・クハ85号編成が最後の運行を追え、30形式は引退を迎えた。

●ミッドナイトトレイン

遠州鉄道の最終列車は、西鹿島駅23:00発、新浜松駅23:40分だが、毎年、忘年会シーズンの金曜日と土曜日には、最終列車の後に、新浜松発西鹿島行きの臨時列車「ミッドナイトトレイン」が運行される(詳細は遠鉄HPで)。

写真:すべて遠州鉄道株式会社提供

路線図

● … 駅名　★ … 駅付近の観光名所

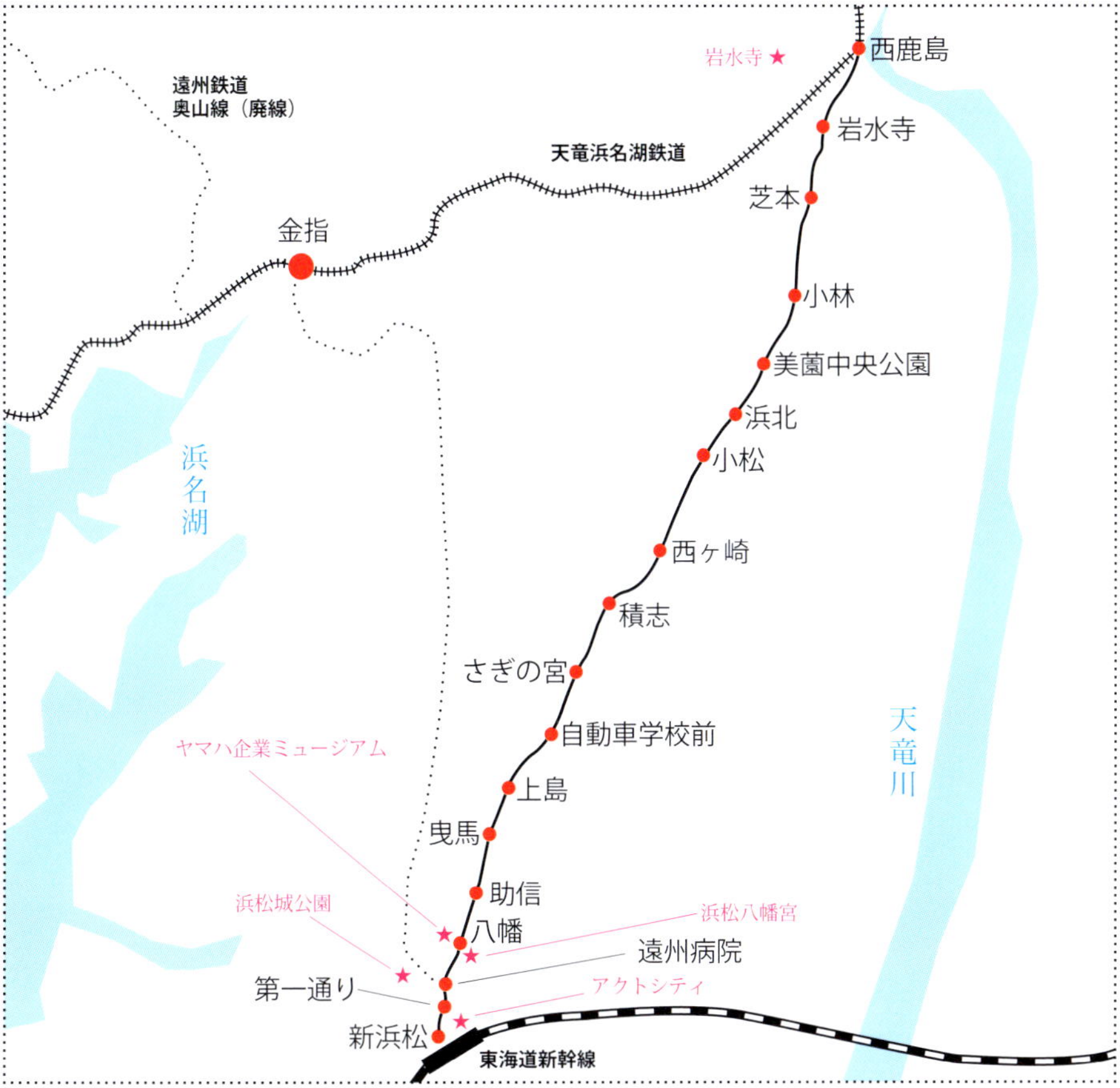

主な駅までの所要時間と運賃　（　）は小人

新浜松から >>

・八幡	4分	120円（60円）
・自動車学校	12分	190円（100円）
・西ヶ崎	18分	300円（150円）
・美薗中央公園	23分	350円（180円）
・西鹿島	33分	480円（240円）

遠州鉄道株式会社

TEL 053-435-0221（鉄道営業所）

http://www.entetsu.co.jp/tetsudo/

お得なきっぷ

●あかでん1日フリーきっぷ
あかでんが1日乗り放題
大人 1,000円　小人 500円

●共通1日フリーきっぷ
遠鉄電車と天浜線の東（掛川〜西鹿島）または天浜線の西（新所原〜天竜二俣）が1日乗り放題。
大人 1,480円　小人 740円

静岡鉄道

静岡清水線

静岡県

新静岡〜新清水

交通、流通、自動車販売、不動産、建設など、
静岡を中心に幅広くネットワークを広げる静鉄グループ。
その中核が静岡鉄道だ。
同社が運行する「静岡清水線」は、路線距離11㎞、
日中は6、7分間隔で運行され、15駅を約21分で走破する。
まるで路面電車かバスのように、気軽に利用することができる。
地元の人は静岡鉄道を、
愛情を込めて「静鉄」と呼ぶ。
静鉄は今年、創立100周年を迎えた。

基本データ

全　　通／ 1908(明治41)年12月9日　※会社設立は1919(大正8)年

駅　　数／ 15 駅

路線距離／ 11.0㎞

軌　　間／ 1067mm

最高速度／ 70㎞ /h

写真：巴川を渡るＡ 3000 形（パッションレッド）

■静岡鉄道のあゆみ

静岡の街と共に発展
100周年を迎えた静鉄グループ

はじまりは軽便鉄道から

1899(明治32)年、清水港が外国貿易の開港場に指定されると、従来の馬車や大八車では大量輸送ができないため、静岡・清水の有志が集まり1906(明治39)年に軽便鉄道が敷設された。

1908(明治41)年5月、江尻新道(現・新清水)〜波止場が開通し貨物輸送を開始。同年7月に、全国の軽便鉄道8社が集まり大日本軌道株式会社が設立され、その静岡支社となった。同年12月、鷹匠町(現・新静岡)〜江尻新道(現・新清水)が開業し旅客輸送を開始。この時に、現在の静岡清水線の原型が完成した。

駿遠電気、静岡電気鉄道……

1919(大正8)年、静岡・清水の有志が集まり大日本軌道静岡支社を買収し、駿遠《すんえん》電気株式会社を設立した。ここに現在の静岡鉄道の歴史が始まる。翌年、鷹匠町(現・新静岡)〜江尻新道(現・新清水)の全線電化が完了し、電車の運行を開始した。

1923(大正12)年2月に駿遠電気から静岡電気鉄道(静岡電鉄)へ改称。同年3月には静岡電鉄が秋葉鉄道を吸収合併し秋葉線が誕生した。

同年9月に起きた関東大震災の後、旅客も貨物も輸送量が大幅に増加し、単線では対応できなくなったため1924(大正13)年に複線工事に着手し、1934(昭和9)年、鷹匠町(現・新静岡)〜清水相生町(現・新清水)間11kmの全線複線化が完了した。

同時に、1929(昭和4)年に安西線、1933(昭和8)年に清水市内線が全通するなど、静岡電気鉄道は路線網を広げていった。

戦時下に静岡鉄道が誕生

戦時下の1943(昭和18)年、陸上交通事業調整法に基づ

写真：静岡市役所前を走る静岡市内線／静岡鉄道株式会社 提供

き、静岡電気鉄道は藤相《とうそう》鉄道、中遠《ちゅうえん》鉄道、静岡乗合自動車、静岡交通自動車と合併して静岡鉄道株式会社に改称。社長には東京横浜電鉄（現・東急電鉄）社長の五島慶太が就任した。

これにより、藤相鉄道は藤相線、中遠鉄道は中遠線となる。藤相線と中遠線は沿線に農村が多く、終戦直後には買出し列車として大活躍した。２線は１９４８（昭和23）年に延伸されて結ばれ駿遠《すんえん》線となった。

一方、１９６２（昭和37）年から１９７５（昭和50）年にかけてモータリゼーションの波に乗って自家用車が急増すると、静岡市内線、秋葉線、駿遠線、清水市内線が、次々と廃線となり、静岡清水線のみが残った。

鉄道事業を起源に総合生活サービス企業へ

唯一残った静岡鉄道「静岡清水線」では、着々と近代化を進め、１９６６（昭和41）年には鷹匠町に商業施設を複合した駅ビル「新静岡センター」を建設。電車とバスが発着する、静岡鉄道の新たな拠点が誕生した。続く１９７３（昭和48）年には、オールステンレス製の車両１０００形が運行開始。さらに、昭和50年には全国で初めて複線でのワンマン運転を開始した。

２０１６（平成28）年には、約40年ぶりに新型車両A３０００形を導入した。現在、「鉄道新型車両導入プロジェクト」が進行中で、創立１００年の２０１９年度内に「静岡レインボートレインズ」と呼ばれる７色の新型車両が登場する。また静岡鉄道は、鉄道事業以外にも、不動産やホテル事業、介護事業なども運営しており、交通事業を中心に幅広く地域住民の生活に根ざした事業を展開している。

写真上：1971 年頃の新清水駅／静岡鉄道株式会社 提供
写真中：ステンレスカー 1000 形と 100 形（1973 年頃）／静岡鉄道株式会社 提供
写真下：創立 70 周年を記念して発売されテレフォンカード（1989 年）／静岡鉄道株式会社 提供

ぶらり旅

まるでサンダルのように暮らしに密着した生活電車

JR静岡駅から静岡の中心部を散策しながら、徒歩10分の「新静岡駅」へ

静岡鉄道(以下「静鉄」)の「新静岡駅」は、JR静岡駅から少し離れていて、徒歩で約10分の場所にある。せっかくなので、静岡の中心部を散策しながら新静岡駅へ向かってはいかがだろうか。静岡は徳川家康ゆかりの街だ。8歳から19歳まで駿府城で人質生活を送り、徳川幕府の初代将軍職を辞した後も、駿府城で隠居生活を送った。そんな理由からか、JR静岡駅前には「竹千代(家康の幼名)君像」と「徳川家康公之

写真上：新型車両A 3000形（クリアブルー）／静岡鉄道株式会社提供
写真下：JR静岡駅前に建つ徳川家康公之像

像」が建っている。

呉服町通り沿いの小梳《おぐし》神社は、駿府城の守護神で人質時代の竹千代が、将来を夢見て武運長久を祈った社で知られている。呉服町の交差点を北上すると左に家康が暮らした駿府城址(駿府城公園)がある。新静岡駅のすぐ近くなので、ぜひ立ち寄っていただきたい。

新静岡駅は、駿府城公園の東にある「新静岡セノバ」という商業施設に隣接している。建物内にはグルメ、ファッション、家電、書店、シネコンなど約150店が揃い、静鉄電車の他に、バスターミナルとも直結している。

日中は6、7分間隔で運行 とても便利で、使いやすい

「新静岡セノバ」の中に入り、真っ直ぐ進むと右手に新静岡駅が見えてくる。自動改札を抜け構内に入ると中は広く、3つの線路がある。静鉄は、静岡市内を走る唯一の私鉄だ。全駅自動改札で、静岡市の葵区と清水区を結ぶ11kmを、片道約21分で走る。

電車は2両編成のワンマン運転で、ラッシュ時には1時間に15本、昼間でも6、7分の間隔で運転を行っている。要所に駅があるので、静岡市の各地を周るのにとても便利な路線だ。

さっそく旧型車両1000形に乗り、駅を発つ。すぐにエレガントブルー(青)の新型車両とすれ違う。静鉄は、2016(平成28)年から、旧型車両1000形から新型車両A3000形に車両更新を行っており、8年をかけて全12編成を更新する予定だ。中でも注目されるのが「静岡レインボートレインズ」と呼ばれる7編成で、静岡県自慢の特産品などをモチーフに、それぞれ7色のボディカラーの車両が順次登場している。

写真中：新静岡駅の改札口
写真下：新静岡駅に入る新型車両A 3000形（クリアブルー）

1日フリーパスを購入
ついに緑の新型車両に乗車

乗車して1分の日吉町駅で下車。今日は何度も乗り降りするので、1日フリーパスを購入した。駅の周辺を散策する。駅前の華陽《けよう》院《いん》は、人質時代に竹千代を養育した祖母の菩提寺で竹千代も寺の住職から手習いを受けていたそうだ。境内には「家康公お手植えのみかん」が植えられている。

再び静鉄に乗車。今度は緑色をした新型車両だ。洗練された外観もさることながら、内装も美しい。Wi-Fiが完備され、LED照明、ドアの上には液晶ビジョンもついている。車両の揺れも少なく、快適性が格段に向上した印象を受ける。もう少し乗っていたかったが、次の音羽町駅で降りる。音羽町駅のすぐ北には、京都清水寺にゆかりがある、「音羽山清水寺」がある。1559(永禄2)年に京都から大僧正を招き、地形が京都清水寺に似ていたことから、この名が付けられた。門前には家康が馬を停めた「下乗の松」がある。長沼駅には、隣接して静鉄の車庫がある。中には入れないが、ホームからよく見渡せる。この日は、奥から100周年記念のラッピングがされた新型車両、ちびまる子ちゃんのラッピング電車、旧型車両の3両が確認できた。運行本数が多いため、散策中に何度も新形車両を見かける。青、赤、緑、オレンジ……。美しいボディカラーのA3000形が、街の景観に鮮やかに色を添えている。

静鉄はJR東海道本線とほぼ平行して走っている。最初はその違いがわからず、役割が重複しないのか気になったが、乗車してすぐ違いに気付いた。JRが静岡駅、東静岡駅、草薙駅、清水駅の4駅なのに対して静鉄は

写真上：華陽院の境内にある家康公お手植のみかん
写真下：長沼駅ホームから見た長沼車庫

15駅。静鉄の沿線にはお寺、神社、商業施設、図書館、美術館、博物館、運動場など静岡市内の主な施設が集約されており、まさに暮らしに密着した生活電車という感じだ。一方、JRは遠出をする際に利用しているようだ。

入江岡駅で下車「ちびまる子ちゃん」ゆかりの町を歩く

草薙駅から、電車は静岡市清水区に入る。かつては「清水市」であったが、2003(平成15)年に静岡市と合併して今は静岡市清水区となった。清水区は、日本平の東麓に位置し、富士山を望む港町として知られている。そして最近は、漫画「ちびまる子ちゃん」の舞台としても話題になった。作者の「さくらももこ」さんは、この辺りで生まれ、漫画のモチーフとなったゆかりの施設が点在しているという。さっそく、訪ねてみたい。

入江岡駅で下車。階段を上がり改札を出ると、跨線橋《こせんきょう》の上に出る。橋を渡ると左に淡島《あわしま》神社がある。拝殿の右奥には「こくぞうさんの木」と呼ばれる大クスノキがある。アニメには何度も登場するのでファンにとってはお馴染みのスポットだ。さらに北上すると「入江2丁目」の交差点。この交差点をまっすぐ進むと入江1丁目の商店街、左折すると入江3丁目の商店街。漫画やアニメでは、この入江1~3丁目の住宅地や商店街が、ちびまる子ちゃんの生活圏として描かれている。

一見、どこにでもあるような地方都市だが、1つだけ大きな違いがある。それは富士山が見えることだ。歩いても走っても、歩道橋に上っても、常に富士山が見える。暮らしに必要なライフラインと同じように、身近に富士山がある生活とは、どんな感じなんだろう。

写真上：街に彩りを添える静鉄のボディカラー（A 3000形）
写真中：「ちびまる子ちゃん」ゆかりの町につながる入江岡駅

新清水駅から、富士山を見に日本三大美港・清水港へ

電車は巴川《ともえがわ》を渡り、新清水駅に到着。ここが静鉄の終点だ。巴川橋梁は絶好の撮影スポットで、巴川を渡る静鉄電車の美しい姿が撮影できる。その後は港へ向かう。県道149号を渡り東へ歩くと、JR清水駅と清水港を結ぶ遊歩道「しみずマリンロード」があるので、右折して南下。すると左手にヨットハーバーが見えてくる。清水港は「日本三大美港」と呼ばれており、ここから見る富士山は絶品だ。何度見ても、ため息が出るほど美しい。

港を望むエスパルスドリームプラザの3階に「ちびまる子ちゃんランド」がある。館内にはまる子ちゃんの家の各部屋や小学校の教室が再現されており、思わず写真を撮りたくなる。取材時も中国からの団体ツアーが訪れており、スマートフォンで写真を撮りまくっていた。

「清水」といえば、清水次郎長親分かつては国民的なヒーローだった

「清水」といえば忘れてはいけないのが、清水次郎長だ。ケンカは強いが、人情には弱い。義理に厚く、曲がったことが大嫌い。そんな熱血ドラマの主人公のような男として、今なお市民から慕われている。

清水港には、その次郎長が開業した船宿「末廣《すえひろ》(次郎長宅)跡」の石碑が建っている。「港町」交差点からエスパルス通りを西に歩くと「港橋」交差点に、先ほどの「末廣」を忠実に再現した清水港船宿記念館「末廣」がある。1階は展示室、2階は英語塾の様子が再現されている。さらに巴川を渡り左折すると「次郎長通」がある。次郎長は、この町で生まれ育った。新婚生活を過ごした妙慶寺の門前を過ぎると「次郎長生家」だ。建物が当時のまま保存されており、何とも感慨深い。

写真上：巴川橋梁の下から撮影したA 3000形（エレガントブルー）
写真中：清水港とその背後にそびえる富士山
写真下：次郎長通にある清水次郎長生家

■静岡鉄道×ちびまる子ちゃんランド。「ちびまる子ちゃん電車」発車！

静岡鉄道では、2015（平成27）年7月から「ちびまる子ちゃんラッピング電車」を運行している。漫画「ちびまる子ちゃん」の作者である〝さくらももこ〟さんが、清水区入江町出身であることから、テレビ放送25周年を記念して「ちびまる子ちゃんランド」と静岡鉄道がコラボして実現した。

ファンの気持ちになって乗車してみる。車両前面のヘッドマークには、かわいらしく車掌姿のまる子ちゃんがデザインされている。ピンク色の車体には、ちびまる子ちゃんとクラスメートたちが描かれて、乗客を温かく出迎えてくれているようだ。

車内も、まる子ちゃん一色。賑やかなイラストと一緒に、富士山や駿河湾など静岡の風景も描かれ、観光PRにも一役かっているようだ。よく見るとつり革にもキャラクターを発見することができ、何とも楽しい気分になる。

この電車は、当初は1年間の限定運転だったが、好評のため何度も延長になり、現在も運行されている。「ちびまる子ちゃん」ファンの方は、ラッピング電車に乗り、ちびまる子ちゃんランドを訪問し、ゆかりの入江町を散策してはいかがだろうか。ただし毎日は走っていないのと、本数が少ないので、乗車希望の方は、事前に静鉄のホームページで確認することをお勧めしたい。

写真上：新清水駅構内にある「ちびまる子ちゃん電車」の顔出しパネル
写真中上：新静岡駅に停車する「ちびまる子ちゃん電車」　写真中下：「ちびまる子ちゃん電車」外観の装飾
写真下：「ちびまる子ちゃん電車」車内のつり革

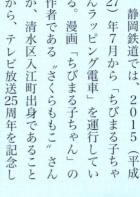

静岡鉄道 静岡清水線の車両

●1000形

現在、静岡鉄道では、旧型車両である1000形と新型車両であるA3000形が併走している。1000形は、昭和48（1973）年～昭和60年にかけて導入された車両。当時としては画期的なオールステンレス製で、前面に傾斜がつき、一枚窓を分割したデザインで話題となった。

●A3000形

平成28（2016）年、約40年ぶりとなる新型車両A3000形が導入された。
静岡鉄道では8年をかけて、1000形からA3000へ随時入れ替えていく予定だ。
新型車両A3000形は2両１編成で12編成を更新する予定だが、そのうちの7編成は、「静岡レインボートレインズ」と呼ばれ、静岡が誇る「７つの一番」をモチーフにしたカラフルな車両が登場する。

●2016年-A3001号「富士山（クリアブルー）」
●2017年-A3002号「いちご（パッションレッド）」
●2018年-A3003号「お茶（ナチュラルグリーン）」
　　A3004号「みかん（ブリリアントオレンジイエロー）」
●2019年-A3005号「駿河湾（エレガントブルー）」

残りの「桜えび（プリティピンク）」と「わさび（フレッシュグリーン）」の車両は、今後登場する予定だ。この７色が揃いレインボー（虹）となる。

●静岡レインボートレインズ （手前は「創立100周年記念ラッピング車両」）

写真下：静岡鉄道株式会社提供

路線図

● … 駅名　★ … 駅付近の観光名所

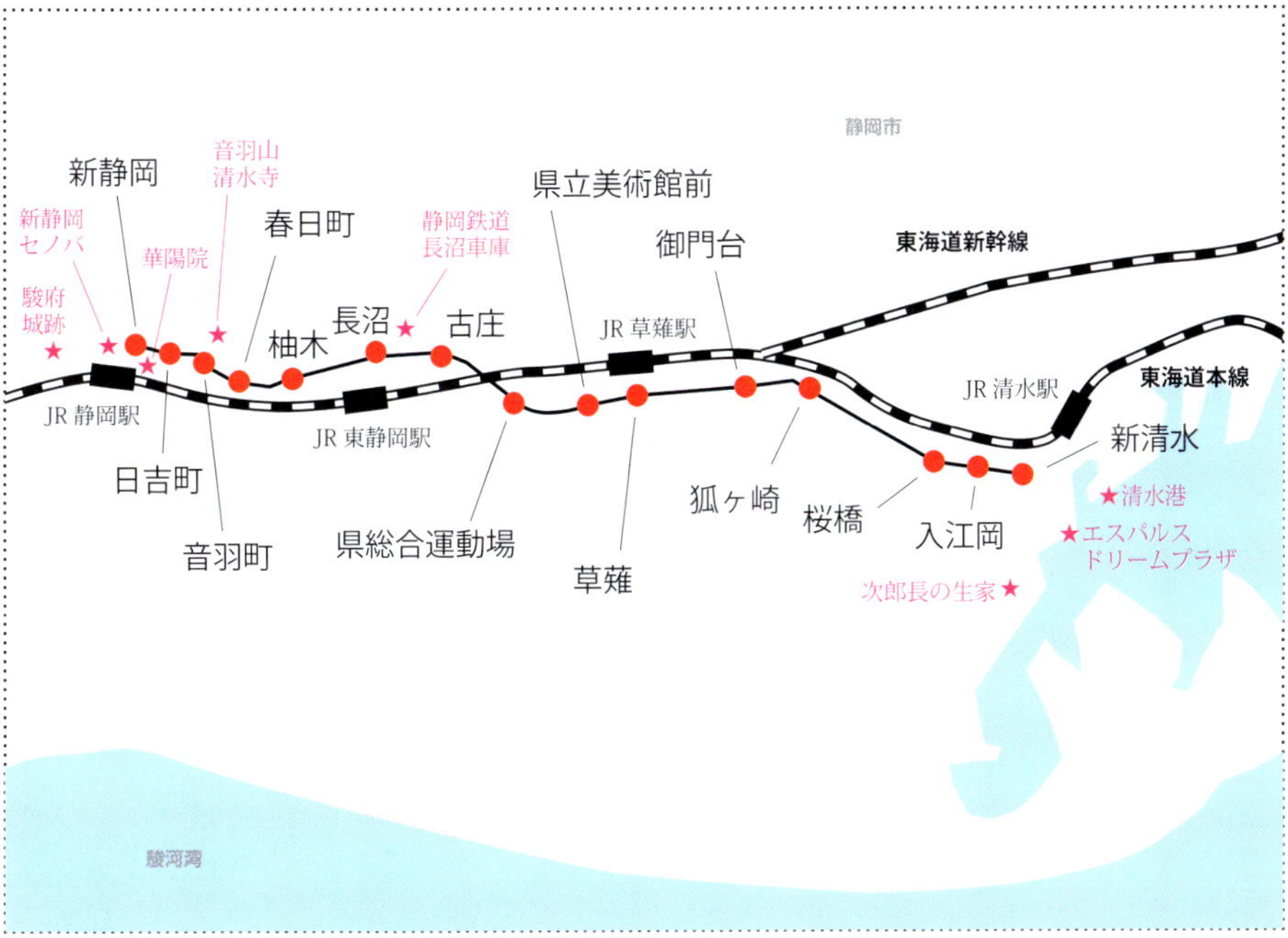

主な停留場までの所要時間と運賃

新静岡から

・日吉町	1 分	140 円	・県立美術館前	11 分	200 円
・音羽町	2 分	140 円	・草　薙	12 分	220 円
・春日町	3 分	140 円	・御門台	14 分	250 円
・柚　木	5 分	140 円	・狐ヶ崎	16 分	280 円
・長　沼	6 分	150 円	・桜　橋	18 分	310 円
・古　庄	8 分	150 円	・入江岡	19 分	330 円
・県総合運動場	10 分	170 円	・新清水	21 分	330 円

お得なきっぷ

電車・バス1日フリー乗車券

1日乗車券　おとな 1,380 円
子ども　640 円

【表面】

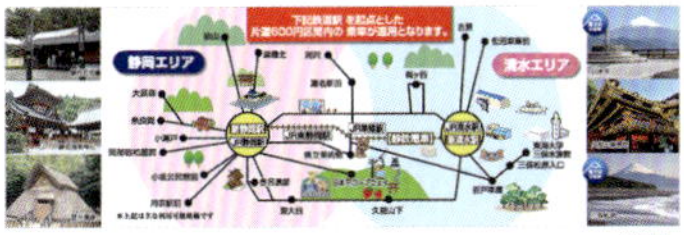

【裏面】

静岡鉄道株式会社

TEL 054-261-6981

http://train.shizutetsu.co.jp/

Facebook イベント情報などをお知らせしています

豊橋鉄道 市内線

愛知県

駅前〜赤岩口
井原〜運動公園前

「市電」の名で親しまれている市内電車は、
東海地区に残された唯一の路面電車。
その線路には、ともに歩んできた街の記憶や
生活の歴史が刻み込まれているようだ。
豊橋駅前から街の中心部を抜け市東部の住宅地へ。
人と環境にやさしい市民の足は、
黙々と「ほの国」豊橋を走りつづける。

基本データ
停留場数／ 14か所
営業総キロ数／ 5.4km
軌間／ 1067mm
最終延伸／ 1998年２月19日

写真：駅前を出発する「ほっトラム」

■豊橋鉄道市内線のあゆみ

路面電車が走る街を愛する人々が市電の歴史をつくって来た

豊橋電気軌道の開業と戦中・戦後

1895（明治28）年、京都に日本初の路面電車が走ってから30年、豊橋に市電が開業した。当時すでに全国で50以上の都市で開業しており、近代都市化に向けて交通インフラの整備が不可欠だった豊橋は、資金の半分を市民から募集するものの反応は鈍く、結局、東田遊郭の主人らが奔走して開業にこぎつけた。

1992（大正13）年、豊橋電気軌道設立。翌年、祇園祭の真っ只中、本線の駅前～札木（初代）と支線の神明～柳生橋間からなる市内線を開業。12月には赤門前～東田《あずまだ》（初代）間が開業した。

戦前から戦中にかけて、沿線に歩兵第18連隊の屯営地や高等女学校、商業高校があったため、利用者の多くは軍人や学生だった。

1945（昭和20）年6月、B29の空襲で豊橋は大きな被害を受ける。市電も全線不通となるが、架線と軌道以外に被害が少なく、東田車庫と車両が無事だったため、わずか3か月後の9月に本線が復旧。翌年2月には柳生橋線も復旧し、全線で運転が再開され、被災者の大きな希望となったのである。

1949（昭和24）年、豊橋交通に社名変更。市役所～赤門間が複線化される。戦後復興で豊橋の街が姿を変えていくと同時に、市電も数年にわたって変貌を遂げていく。1950（昭和25）年、東田坂上～東田（初代）間の新ルートの複線化や路線変更、延伸が進んだ。

1954（昭和29）年、現在の豊橋鉄道株式会社に社名変更。豊橋地区の交通一元化を目的に、名鉄から渥美線を譲り受けた。

全盛期と受難の時代

1960（昭和35）年6月、競輪場前～赤岩口間が単線で開通。車庫も東田から赤岩口に移った。この時点で、路線の総延長が最大の約7キロとなる。

同年12月、柳生橋支線でワンマン運転開始。1961（昭和36）

写真：1935年頃の市電／豊橋鉄道株式会社提供

年、市電初のボギー車を導入するなど、都市の発展に合わせて輸送力を強化していく。そして、１９６３（昭和38）年度には、現在の3倍以上の輸送人員９５７万人を記録。市電の歴史の中で、最盛期を迎えた。

しかし60年代の終盤になると、モータリゼーションの到来が市電の発展に翳りをもたらす。１９６７（昭和42）年に９００万人を割った輸送人員は、3年後に７００万人を切り、下降線をたどっていった。

さらに追い討ちをかけるように、路面電車が交通渋滞の元凶とされ、全国で廃止が相次いだ。市電でも、１９７３（昭和48）年には柳生橋支線が廃止となった。それでも最悪の全線廃止にいたらなかったのは、営業努力や行政のサポート、市民の応援があったからだ。

１９８２（昭和57）年7月、7年前に開設、整備が続いていた岩田運動公園へのアクセスの便を図るため、井原～運動公園前間が開業。わずか６００ｍとはいえ、廃線の続く路面電車にあって、14年ぶりの新線として話題になり、沿線も新興住宅地へと成長していった。

イベント電車と低床式ＬＲＶ

１９７０（昭和45）年、鉄筋3階建てのステーションビルに改築された豊橋駅は、28年後の１９９８（平成10）年、豊橋総合開発計画事業のもとで大変身を遂げる。市電は１５０ｍ延長し、ペデストリアンデッキの直下に乗り入れることになったのだ。

２００５（平成17）年、豊橋市制施行１００周年記念事業「とよはし１００祭」で、豊橋初の部分低床式車モ８００形の出発式が行われた。

１９９３（平成5）年からの「納涼ビール電車」に続き、２００７（平成19）年には「おでんしゃ」が運転開始、好評を得る。

地球温暖化や資源問題で、鉄道輸送にスポットが当たり、欧米でＬＲＴ（ライト・レール・トランジット）の普及が促進されると、市電でも、２００８（平成20）年、全面低床式ＬＲＶ「ほっトラム」を新規導入する。

現在全国で運行されている路面電車は、17都市19路線。東海地区では唯一豊橋だけである。市民の足として愛され、豊橋市の発展とともに歩んでいく市電は、未来に向かって走り続けていくことだろう。

写真：1957 年頃の市電／豊橋鉄道株式会社提供

次に来るのはどんな電車？
様々な車両でほの国めぐり

旧東海道を横切り
国道1号を悠々と走る

　豊橋駅東口のペデストリアンデッキの下に、始発の駅前停留場がある。駅名をつけずただ駅前と呼ぶとはおおらかだ。赤岩口行きと運動公園前行きが交互に14分間隔で運行。共通路線の駅前～井原間は7分間隔となる。

　駅前を発車した電車は、左にカーブを切って、片側3車線の駅前大通りを走っていく。架線は道路中央の街灯を兼ねたセンターポールに

写真上：豊橋発祥手筒花火／豊橋観光コンベンション協会提供
写真下右：駅前停留場　写真下左：駅前大通り

架けられているので、すっきりしている。わずか１４０ｍで、駅前大通停留場だ。「ほの国百貨店」がすぐ近くにある。次の新川停留場の手前に渡り線があるが、豊橋まつりの総踊りで、大通りが歩行者天国になるときに折り返し運転をするためのものだ。

新川を出てすぐに国道２５９号（田原街道）との交差点を左折する。逆方向には、かつて柳生橋にいたる支線が分かれていた。気をつけていると、舗装にその痕跡を見つけられるだろう。田原街道を進んだ電車は右手の神明公園を過ぎ札木《ふだぎ》停留場へ。出発時に旧東海道と交差する。このあたりは旧吉田宿のほぼ中央にあたり、高札場、問屋場、本陣・脇本陣、旅籠などが軒を連ねていた。西側には本陣・脇本陣の碑が立っている。

西八町交差点にさしかかると、減速して右折。広い国道１号に入り、その真ん中を約９００ｍ走る。全国でも国道１号を走る路面電車は唯一だ。朝夕も、渋滞を後目《しりめ》に、市電は悠々と走るのだ。官公庁が並ぶこの一帯は、終戦まで歩兵第18連隊の屯営地だったという。市役所前で降りると、豊橋随一の観光スポット。まずは市役所。13階の展望ロビーからは市内が一望できる。レストランバーや手筒花火体験パーク、豊橋と市電の歴史の展示もあり、あなどれない。市役所の西には、手筒花火発祥の地とされる「吉田神社」がある。豊橋祇園祭での、手筒花火の競演は必見だ。祭りといえば、「安久美《あくみ》神戸神明社《かんべしんめいしゃ》」で

写真上：豊橋まつりの総踊り　写真中：西八町交差点
写真下右：鬼祭　写真下左：豊橋市公会堂

行われる奇祭「鬼祭」もお勧めだ。近代建築の発祥とされるロマネスク様式の「豊橋市公会堂」、豊橋公園内にある「吉田城跡」や「豊橋市美術博物館」など、見所が目白押し。

市役所前と短い停留場間で豊橋公園前がある。豊橋公園内に体育館があった頃は、体育館前停留場だったそうだ。

5差路になっている東八町の交差点。センターポールはここまでだ。

石畳の坂道を上る市電
まちの表情が変わってくる

東八町は、旧吉田宿の東西出入り口にあたり、番所があった。交差点の手前南側に「吉田宿東惣門《そうもん》」が、北側に「秋葉山常夜灯」が復元されている。南東に向かう国道1号と別れ、対面2車線の県道4号（多米街道）に入ると、東八町停留場だ。戦前は、上天馬から移ってきた遊郭街があり、華やかだったという。

電車がゆるやかな坂を上り始めると、家並みが下町らしい表情に変わってくる。

前畑停留場から東田坂上《あずまださかうえ》停留場まで、約400mにわたって、旧い石畳の軌道敷が続く。沿道には瓦屋根の民家や、古くからの商店もあらわれ、なんとも言え

写真上：吉田城跡　写真中：石畳の軌道敷
写真下：東田坂上停留場

ぬ風情がある。

前畑停留場の手前にある歩道橋は、絶好の撮影スポット。望遠レンズで狙えば、電車と往来する車が織りなす画になる風景を切り取ることができるだろう。

また、前畑の少し先を北に入る通りでは、3と8のつく日に「三八の市」が開かれ、地元の人々で賑やかな朝となる。

次第に狭くなっていく県道を進むと、東田停留場だ。

市電の路線で唯一安全地帯（ホーム）がない停留場だ。何もない道路の真ん中に停車する。左側の電柱に掛けられた看板だけが位置を示す目印となる。乗降中は、自動車などは一時停止しなければならないことになっているが、降車の際に「走行中の自動車にはご注意ください」というアナウンスもある。

開業時の東田停留場は、現在の東田坂上停留場の南東約200mのところにあり、車庫が併設されていた。スギ薬局東田店が、その車庫の跡地にあたる。

東田停留場は、戸田宗光によって築かれた「二連木《にれんぎ》城跡」である大口公園の最寄り駅でもある。

下町をぬけ 豊橋東部の新興住宅地へ

駅前から続いた複線区間は、次の競輪場前まで。ここから単線区間に入るため、手前で列車交換が行われる。右手横に豊橋鉄道市内線営業所があり、常時2両が待機している。朝夕に、最短5分間隔で、競輪場前で折り返すダイヤ

写真上：三八の市／豊橋観光コンベンション協会提供　写真中：東田停車場
写真下：二連木城跡

が組まれているためだ。ここでは、運転手の交代も行われることがある。

　電車は、少し南よりに進路を変え、井原交差点にさしかかる。井原停留場は、この交差点を挟んで3箇所ある。ここで、運動公園前への支線が分岐するのだが、それぞれの行き先ごとに扉が開く側が異なるためである。

　井原停留場を出ると、電車は市電最長電停間700mを一気に駆け抜ける。ラストスパートがかかった、といった感じだ。

　突然町並みが開け、6差路の交差点があらわれる。ここを過ぎれば、すぐに終点の赤岩口停留場に到着する。線路はここで終わり、車庫への引込線が続いている。ホームはあるが、いきなり道の真ん中に降り立つことになり一瞬戸惑う。自動車に気をつけて、歩道へ渡ろう。

　停留場の先には、多米街道が西へと続いている。余力のある方は、少し歩いてみるといい。30分ほどいったところに、「赤岩寺」がある。鎌倉時代、源頼朝が選んだ三河の名刹七か寺の一つで、春には桜、秋には紅葉が楽しめる。

　さて、豊橋市電は、通して乗っても所要時間22分。距離にすれば約5㎞。お得な1日フリー乗車券で、途中下車しながら、気ままに市内各所を巡ってみてはいかがだろう。

写真上右：市内線営業所　写真上左：井原交差点　写真中：赤岩口停留場　写真下：赤岩寺

R11を曲がって、運動公園前へ

井原停留場から分岐する支線は、対面2車線の県道の交差点を曲がるために、半径11mという日本一の急カーブ（R11）となっている。しかし、車両が軋んだり、傾いたりせずあっさりと曲がってしまうのは運転士の技量だろうか。ただ、構造上「ほっトラム」はこのカーブを回れず、支線では運行されない。右折した電車は600mの直線を走って運動公園前停留場に着く。ここには3両分の長いホームがあり、イベント電車の折り返し駅になる。中日ドラゴンズの公式戦が開催されるときには、臨時電車の始発駅にもなる。岩田運動公園は野球、サッカー、テニスなどの球技施設が充実。噴水が美しい水神池とともに、市民の憩いの場となっている。

安全運転をバックアップする赤岩口車庫

終点の赤岩口停留場のすぐ南、道路からもその全貌が見渡せる赤岩口車庫。市電の運行車両は16両あるが、常時ここで点検を受けるようにローテーションが組まれている。「ほっトラム」が毎週木曜日に運休するのはこの検査を受けるためだ。

各所から譲渡された車両を、走行環境に合わせるための改造も、ここで行われる。車庫というより、整備工場であるといえる。

安全運行を最優先させながら配車効率を考えた整備点検が行われ、リフレッシュした車両が路線に送り出されているのである。

写真上：井原交差点 R11　写真中右：運動公園前停留場　写真中左：水神池
写真下：赤岩口車庫（2点とも）

豊橋鉄道 市内線の車両

●T1000形 「ほっトラム」

両先頭車に台車があり、中間車を浮かせた状態にした3車体連接2台車方式の車両。両先頭車の床下に主電動機を装架、ユニバーサルジョイントで台車の駆動軸とつなぐことにより、台車上部の床面高さ480mm、最小通路幅820mmを実現。交通バリアフリー法に完全対応している。

●モ800形

名古屋鉄道美濃町線で使用されていたものを譲り受けて投入した市内線初のLRV車両。

●モ780形

名古屋鉄道揖斐線で使用されていたものを譲り受けて投入。市内線の主力車両となっている。

●モ3500形

東京都交通局より譲り受けたもの。間接制御車。

●モ3200形

名古屋鉄道の岐阜市内線・美濃町線で使用されていたものを譲り受けたもの。全2両のうち１両がイベント専用となっている。

■過去に運用された車両

（単線）モハ100形・モハ200形・モハ300形・モハ400形・モハ500形・モハ600形・モハ700形・モハ800形・モハ900形

（ボギー車）モ3600形・モ3700形・モ3800形・モ3900形・モ3300形・モ3100形・モ3700形

モ3700形

《イベント電車》

●納涼ビール電車

車窓からの風景を眺めながらビールを楽しむビール電車。6月～9月までの約4ヶ月間運行。

●おでんしゃ

ユニークなネーミングで大好評。寒い冬に車内で楽しむ温かいおでんは格別だ。

写真：すべて豊橋鉄道株式会社提供

路線図

●…駅名　★…駅付近の観光名所

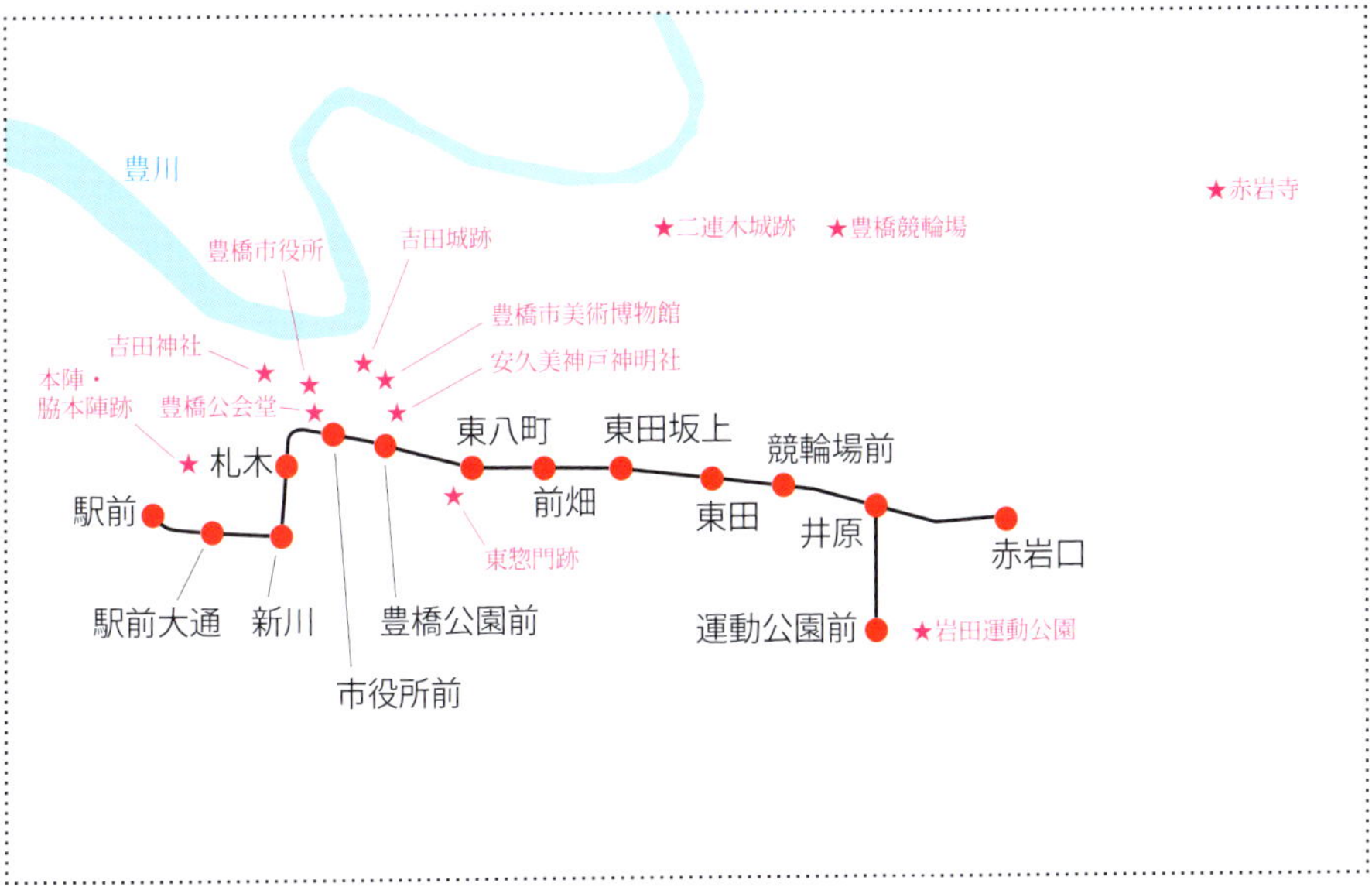

主な停留場までの所要時間と運賃

普通片道　大人 180 円
　　　　　小児　90 円（全線均一料金）

- 市役所前　　約 9 分
- 東田坂上　　約 15 分
- 赤岩口　　　約 22 分
- 運動公園前　約 22 分

お得なきっぷ

1日フリー乗車券

1日乗り放題　大人 500 円

豊橋鉄道株式会社

TEL 0532-53-2131

http://www.toyotetsu.com/

■市電の運転体験をしてみよう

旧市民病院跡地にあるこども未来館「ココニコ」の体験・発見プラザには、市内線を走っていたモ3702が展示されており、運転シュミレーターを使って擬似的に市電の運転体験が楽しめる。前面の液晶パネルに表示されるリアルな路線のCGと連動して、コントローラーやブレーキなどを実際に操作できるのだ。1 回の制限時間は 4 分。駅前から市役所前まで、2区間を運転できる。

東海交通事業 城北線

愛知県

勝川〜枇杷島

善光寺街道の「勝川《かちがわ》」、木曽街道の「味美《あじよし》」、
比良城跡が遺る「比良」、岩倉街道の「小田井《おたい》」、
清洲城下の「尾張星の宮」、美濃街道で知られる「枇杷島《びわじま》」。
この6駅を約17分で結ぶのが、東海交通事業 城北線だ。
国道302号線、名二環と並走して春日井市、
名古屋市北区・西区、清須市を横断する。
それぞれの駅周辺は、交通の要衝に位置するため、
歴史の宝庫だ。

写真：高架を走る城北線

しかも列車は高架橋の上を走るので、
車窓から都心部の街並を堪能することができる。
名古屋の中心部を走る路線でありながら、
あまり知られていない城北線。
その知られざる魅力と価値を、紹介したい。

基本データ

開　　業／1993(平成5)年3月18日
駅　　数／6駅　路線距離／11.2km
軌　　間／1067mm　最高速度／95km/h
電化区間／全線非電化

時代に翻弄されながらも、大いなる可能性を秘めたアーバンライナー。

名古屋のバイパスとして計画

城北線は、1962（昭和37）年に鉄道建設審議会で施設予定路線となった旧国鉄瀬戸線（貨物線）に由来している。国鉄瀬戸線とは、「瀬戸～高蔵寺～勝川～小田井～枇杷島～稲沢」を本線とし、「小田井～枇杷島」を支線とする路線で、同時期に計画されていた岡多線（岡崎～瀬戸～多治見）と共に、列車密度の高い名古屋の中心部を迂回するために計画された。

　ところが、その後状況が一変する。高度成長時代に入り、モータリゼーションの急速な発展などにより地方での国鉄離れが起こり、ついに1986（昭和61）年、第3次中曽根内閣のもとで国鉄分割・民営化関連法案が成立。翌年、国鉄は115年の歴史を閉じた。一方、日本鉄道建設公団は1973（昭和48）年に瀬戸～高蔵寺、76（昭和51）年に勝川～枇杷島間を着工。完成目前まで進んでいたが、国鉄再建の動きのなかで80年に工事は凍結された。

民営化後は、東海交通事業が継続

民営化後、瀬戸線を引き継いだJR東海は、貨物線から旅客線に変更し工事の再開を決定。しかし、需要の少ない小田井～稲沢間の建設は行わず、小田井～枇杷島間を本線とする内容に変更した。また1988（昭和63）年、当初計画されていた瀬戸～高蔵寺間は、岡多線を引き継いだ愛知環状鉄道として開業した。

　さらに、線路はJR東海が保有したが、運営に関しては、運賃を自由に設定できる100％子会社の東海交通事業が行うことになった。東海交通事業は、

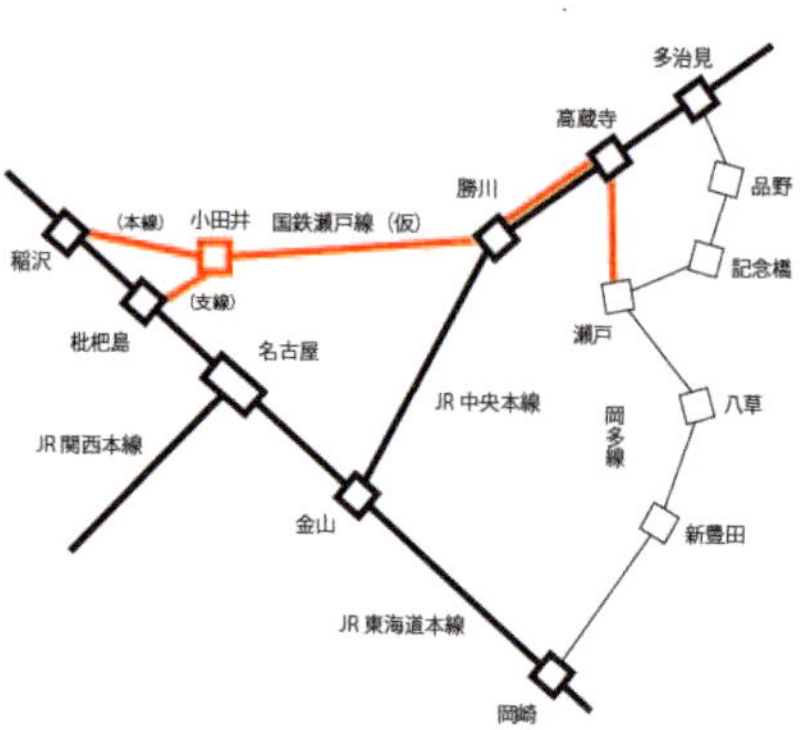

路線図：当初計画された「国鉄瀬戸線（仮称）」

1991（平成3）年に勝川～尾張星の宮間を開業、93（平成5）年には尾張星の宮～枇杷島間を開業し、城北線が全通した。

城北線は、都心を走っているにも関わらず、全線が非電化であり、単行線のディーゼル車である。またJR東海道本線・枇杷島駅とJR中央本線・勝川駅を結んでいるものの、枇杷島駅は普通のみの停車駅であり、勝川駅は中央本線の勝川駅と少し離れている。運転本数は少なく、朝夕のラッシュ時には2、3本、昼間は1時間に1本程度だ。

現在、JR東海が城北線を建設した鉄道建設・運輸施設整備支援機構（着工時は日本鉄道建設公団）から線路を借りて、東海交通事業が列車を走らせている。そのため毎年、借損料（賃借料）を支払っている。この支払いは開業してから40年（2032年に終了予定）も続き、その間に電化や改良工事などを行うと、支払い金額は、さらに上がってしまうそうだ。そのため、城北線は大きな問題点を抱えながらも、現状のまま運行せざるをえない状況である。

城北線は未完の大器

たとえば、2032（令和14）年以降、勝川駅でJR中央本線、枇杷島駅でJR東海道本線との乗り換えがスムーズになり、味美駅では名鉄小牧線、小田井駅で名鉄犬山線・地下鉄鶴舞線との乗り入れが実現すれば、その便利さは飛躍的に向上するだろう。さらには、勝川～城北線～枇杷島～東海道本線～名古屋～東海道本線～岡崎～愛環～高蔵寺～中央本線～勝川と、東海圏をひと回りする夢の環状鉄道が誕生するかもしれない。

写真上：名古屋市西区を走る城北線　写真下：名二環と並走する城北線

ぶらり旅

どの駅も歴史の宝庫
都心の上空約20mを走る高架複線

春日井市の西の玄関・勝川
町名は「小牧長久手の戦い」ゆかり

名古屋からJR中央本線に乗って勝川で下車。ここで城北線に乗り換える。城北線の勝川駅は、JRの駅から約600mも離れている。しかも、電車の本数も少なく、朝夕のラッシュ時は1時間に2、3本、日中はほぼ1時間に1本だ。

この不便さを上手に利用することが、城北線を楽しむコツだ。たとえば、事前に発車時間を調べ、空き時間に街を散策してはいか

写真上：眼下に都心の風景が広がる
写真下：城北線・勝川駅

がだろう。

さっそく勝川の街を歩いてみよう。「勝川」は、古くは「徒歩《かち》川」と呼ばれていたが、「小牧長久手の戦い」の際、徳川家康が「勝《かち》川か、それは縁起がいい」と言ったことから、「勝川」と書くようになったそうだ。

JR勝川駅の北口から国道19号へ向かって約5分歩くと「大弘法通り商店街」がある。駅前とはうってかわって、昔ながらの風情が残る商店街だ。毎月第3土曜日には、全長300mの通りが遊歩道になりテントバザール（特設市場）が出現するという。

しばらく歩くと「勝川大弘法入口」という垂幕が見えてくる。

ここが、商店街の名前の由来になった崇彦寺《しゅうげんじ》だ。敷地内に建つ大弘法（空海）像は、1928（昭和3）年に地元の篤志家が昭和天皇の即位を記念して建立したものである。ここで大弘法像と居眠り地蔵に手を合わせ旅の無事を祈る。少し歩くが、城北線・勝川駅の南には「道風《とうふう》誕生伝説地」と「春日井市立道風記念館」がある。道風とは平安時代の貴族であり、書道家でもある小野道風のことで、藤原佐理、藤原行成と合わせて「三蹟」と呼ばれていた。そのため春日井市は「書のまち春日井」をキャッチフレーズにしている。

味鋺《あじま》神社の門前町、味美周辺には4つも古墳が点在する

城北線は、全線が高架の無人駅で、切符の販売機もない。列車が駅に到着すると後ろの乗車口にある「開き」ボタンを押しドアを開け、車内に乗り込む。地上から約20m上空を走るので、車窓からの眺めは抜群だ。民家もビルも学校も、上から見下ろす景色は何とも新鮮で贅沢だ。

勝川駅から3分で味美駅に到着。なんと味美駅の周辺には4つの古墳が点在する。

写真上：勝川駅にある城北線の車庫　写真中：勝川大弘法の大弘法像
写真下：春日山古墳

まず駅前に「春日山古墳」がある。一見、小さな公園に見えるが、れっきとした古墳だそうだ。県道102号を越えた二子山公園内には白山神社古墳、御旅所《おたびしょ》古墳、味美二子山古墳が群集している。昨今の古墳ブームにより、この地域を訪れる方も増えているようだ。

佐々成政の比良城
織田信長ゆかりの蛇池

味美駅に戻り、再び城北線に乗車する。上空から見下ろす名古屋の住宅街を眺めていたら、列車は比良駅に到着した。ここ比良には、かつて佐々《さっさ》成政という戦国武将が住んでおり、その居城が比良城である。駅の南には、成政が織田信長を殺害しようと計画した蛇池《じゃいけ》がある。

駅から徒歩4分で「光通寺」に着く。ここが比良城跡だ。佐々成政は、この地で生まれ織田信長に仕え、豊臣秀吉や前田利家と競いながら出世を果たした。富山や熊本の城主にまで出世するが、秀吉と敵対し滅ぼされた。

駅の南にある洗堰《あらいぜき》緑地の蛇池には、織田信長にまつわる物語が伝わっている。「ある日、この池に大蛇が出るというので、池の水を汲んで調べたが蛇の姿は見えない。業を煮やした信長は、口に脇差をくわえて池に飛び込んだ。結局、大蛇は見つからず信長は清洲へ戻ったが、どうもこれは佐々成政が信長を暗殺するための罠だったのではないか」という物語である。これ以来、この池は蛇池と呼ばれるようになった。現在は周囲に草が茂る小さな池だが、古い祠が残っており、戦国の面影を今に伝えている。

岩倉街道の面影が残る小田井
古い町並みが今も残る

比良駅から3分、眼下にモゾワンダーシティが見えてきたらもう小田井駅だ。右手にはうっそうと

写真：蛇池

郵　便　は　が　き

料金受取人払

名古屋東局
承認

１０３

差出有効期間
令和３年
11月30日まで

＊有効期間を過ぎた場合は、お手数ですが切手をお貼りいただきますようお願いいたします。

461－8790
542

名古屋市東区泉一丁目 15-23-1103
ゆいぽおと

小さな鉄道のぶらり旅　係行

このたびは小社の書籍をご購入いただき、誠にありがとうございます。今後の参考にいたしますので、下記の質問にお答えいただきますようお願いいたします。

●この本を何でお知りになりましたか。

□書店で見て（書店名　）

□ Web サイトで（サイト名　）

□新聞、雑誌で（新聞、雑誌名　）

□その他（　）

●この本をご購入いただいた理由を教えてください。

□著者にひかれて　□テーマにひかれて

□タイトルにひかれて　□デザインにひかれて

□その他（　）

●この本の価格はいかがですか。

□高い　□適当　□安い

小さな鉄道のぶらり旅

◇◇◇

●この本のご感想、著者へのメッセージなどをお書きください。

◇◇◇

お名前　　　　　　　　　　　性別　□男　□女　　年齢　　歳

ご住所　〒

TEL　　　　　　　　　　　　e-mail

ご職業

このはがきのコメントを出版目録やホームページなどに使用しても　可・　不可

ありがとうございました

茂った庄内緑地公園の緑が見える。この辺りは住宅街なのだろうか、小さな民家が整然と並んでいる。駅前には「東海交通事業城北線鉄道部」の建物がある。その前を通り、名鉄犬山線の線路を右に見ながら、少し南下する。

名鉄・中小田井駅の近くに「中小田井町並み保存地区」がある。かつてここには岩倉街道が通っており、名古屋城下から岩倉・犬山方面へ野菜を運ぶ主要道路になっていた。第2次大戦の名古屋大空襲によって名古屋市内は廃墟と化したが、ここ小田井と四間道《しけみち》、そして有松などが焼失せずに残ったので、名古屋市の町並み保存地区に指定されている。戦前から建つ中2階建ての連子格子つきの家が並ぶ。なんともほっとする風情のある町並みだ。東側には、「尾張名所図会」にも描かれている五所社、願王寺（善光寺別院）、東雲寺といった名刹が並ぶ。

清洲城の城下町
尾張「星の宮」と呼ばれた
河原神社

尾張星の宮駅から清須市に入る。目の前にキリンビールの工場が見える。西側には清洲城も見える。「尾張星の宮」という駅名は、かつて「星の宮」と呼ばれていた河原神社に由来している。駅を出て真東の森をめざして歩くと到着する。『張州府志』という古文書には「河原天神、阿原村に在り、いま星宮と称す」と記載されている。境内には2つの神眼池があって、この水が眼病に効いたのだという。

時間に余裕があれば、駅から

写真上：小田井の古い町並み　写真下：尾張星の宮のビール工場

北上して清洲城を訪問していただきたい。清洲城は近年になって再建された模造天主だが、中は資料館になっている。かつては、尾張の中心地であった清須の歴史や織田信長をはじめ清洲城の歴史と文化が展示されている。

かつて名古屋城下の台所だった枇杷島　美濃街道の佇まいが懐かしい

尾張星の宮駅から3分で、城北線の終点・枇杷島駅に到着する。「枇杷島」という名前は、平安時代、琵琶の名手として名高い藤原師長《もろなが》に由来している。師長は政争に敗れ京から尾張へ流された。しばらくして、里の長者の娘と仲良くなり、仲睦まじく暮らしていたが、何年かして師長は都に呼び戻されることになった。別れを惜しんだ娘は、池に身を投げてしまったという。この悲しい伝説から「枇杷島」という地名が生まれたという。

枇杷島は、美濃街道の要で、江戸時代は青物市場として栄えていた。いったん県道67号に出て、この道を南下すると庄内川に行きつく。江戸時代から川の北は「西枇杷島」、川の南は「東枇杷島」と呼ばれていた。それを結んでいたのが『尾張名所図会』にも描かれた枇杷島橋だ。この橋のたもとに「美濃路」の石碑が建っている。

美濃路は、東海道の宮宿（熱田）と中山道の垂井宿を結ぶ脇街道だが、「桶狭間の戦い」の際には織田信長が、「関ケ原の戦い」の際には徳川家康が、この街道を使い戦地へ赴き共に戦いに勝利した。そのため凱旋街道とも呼ばれていた。いまだに残る旧町家の屋根には「屋根神様」を見ることができる。「西枇杷島問屋記念館」では、江戸時代の青物問屋の様子を今に伝えている。

写真上：高架を走る城北線　　写真下：枇杷島駅

■少し足を伸ばせば、古代ロマンあふれる味美古墳群

2019（令和元）年、大阪府堺市の「百舌鳥《もず》・古市古墳群」が世界遺産に認定されたが、東海エリアにも数百点の古墳が確認されており、なかでも城北線味美駅周辺には春日山古墳、二子山古墳、白山神社古墳、御旅所古墳など多くの古墳群が集積し、「味美古墳群」という一大古墳群を形成している。

この味美古墳群の被葬者は、古代に栄えた尾張氏だそうで、5世紀初頭に庄内川右岸の開発に乗り出し、やがて大山川、五条川を含め右岸流域一帯を支配していた。「二子山公園ハニワの館」では、尾張氏や古墳について学ぶことができる。

春日井市の東部から南部にかけて庄内川が流れており、古代、尾張地方の権力者たちは、この庄内川やその支流を利用して物資を運んだり、農業を行ったりしていた。そのため、庄内川の周辺は古墳の宝庫だ。庄内川の北には味美古墳群、その南には味鋺古墳群、東には勝川古墳群が集積している。さらに川の上流には名古屋市最大の志段味《しだみ》古墳群がある。

「二子山古墳」は全長95mの前方後円墳。尾張地区第4位の大きさで、国の史跡にも指定されている。「白山神社古墳」も全長86mの前方後円墳で、周囲に濠があり古墳の頂上に白山神社が建っている。「御旅所古墳」は直径31mの円墳で頂上に祠が建っている。

写真上：白山神社（白山神社古墳）　写真中：二子山公園「ハニワの館」
写真下：館内にはハニワが展示されている

東海交通事業 城北線の車両

●車両

■キハ11形300番台が単行（1両編成）で使用されている。

■2015（平成27）年、東海交通事業はJR東海からキハ11形300番台2両を購入して、キハ11形200番台をすべて置き換えた。

■1両目（キハ11-301）は2015年9月24日から、2両目（キハ11-302）は2016年3月22日から運用を開始した。このうち、キハ11-302については側面の塗色を変更して2016年6月15日から運用を開始した。

●貸切列車

城北線（1両）を借り切って、名古屋市内を眺望しながら、同好会・お誕生会・クラス会等を開いてみてはいかがだろうか。楽しみ方は、お客様次第でどんどん広がる！

「開運・勝星きっぷ」好評発売中！

「勝川」駅と「尾張星の宮」駅の名前をとった「縁起きっぷ」。1枚から発行。20枚以上ならきっぷの裏に、お好きな文字やロゴを入れることも可能。

【見本】

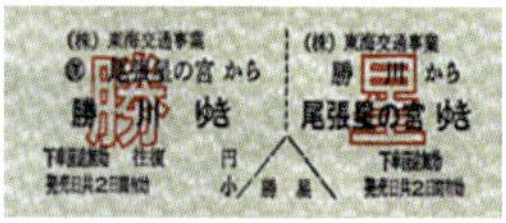

大人

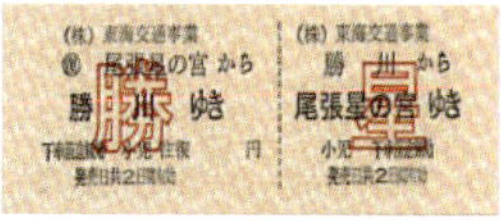

小人

路線図

●…駅名　★…駅付近の観光名所

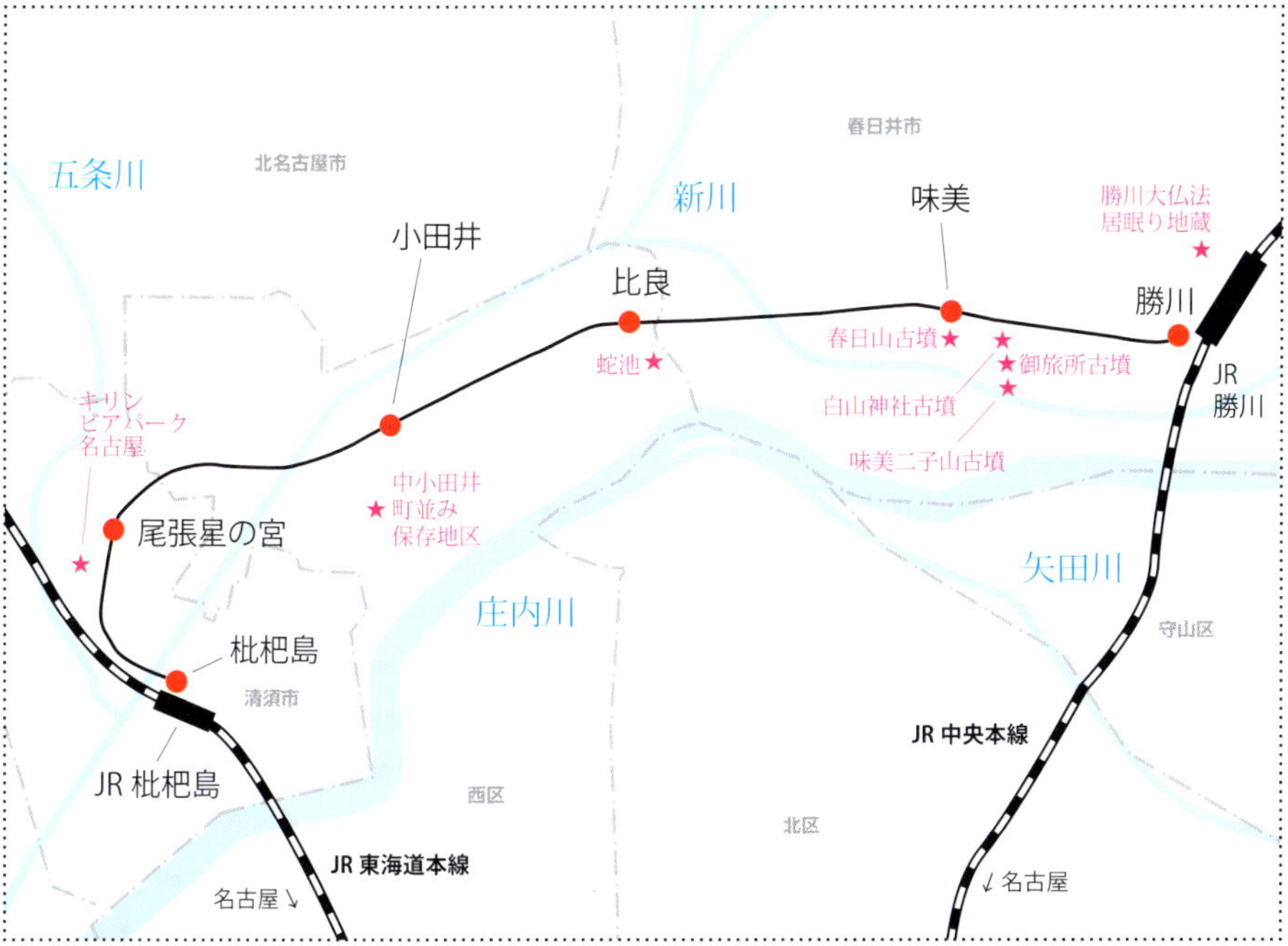

主な停留場までの所要時間と運賃

勝川から

・味美	3 分	230 円
・比良	7 分	320 円
・小田井	10 分	390 円
・尾張星の宮	13 分	450 円
・枇杷島	16 分	450 円

お得なきっぷ

城北線ホリデーフリーきっぷ

1日乗車券　おとな 740 円　子ども 370 円

※土曜・休日及び年末年始、休日ダイヤ運転日の 1 日に限り有効。

【見本】

株式会社 東海交通事業

TEL 052-504-3002

https://www.tkj-i.co.jp/johoku/

Facebook イベント情報などをお知らせしています

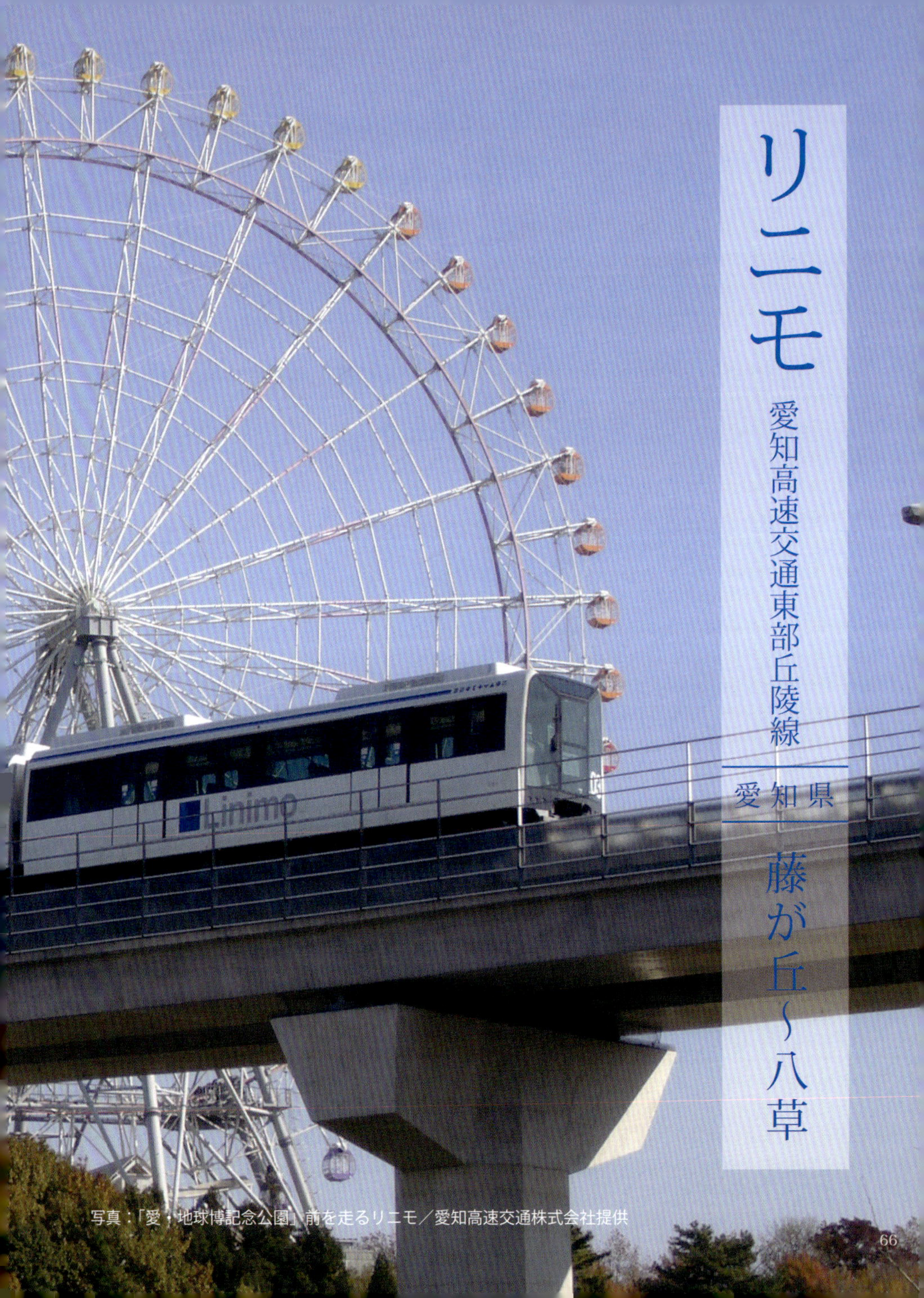

リニモ

愛知高速交通東部丘陵線

愛知県

藤が丘〜八草

写真：「愛・地球博記念公園」前を走るリニモ／愛知高速交通株式会社提供

営業路線として、
日本で唯一の磁気浮上式リニアモーターカー「リニモ」。
空中に浮いて走る未来の乗り物だ。
レールとの接触がないので、騒音や振動が少ない。
視界をさえぎる防音壁がないので、
車窓から見下ろす、抜群のワイドビューが楽しめる。
急カーブ、急加速、急勾配、アップ&ダウン。
滑るように、舞うように、空と大地の間をリニモが駆ける。
さあ、リニモに乗って空中散歩へ。

基本データ

開　　業／2005(平成17)年3月6日
駅　　数／9駅　路線距離／8.9km
走行方式／常電導吸引型磁気浮上・リニアインダクションモーター推進方式
最高速度／100km/h

磁気浮上式リニアモーターカー「リニモ」の歴史と走行システム

愛知万博とリニモ

2005(平成17)年、愛知県(長久手・瀬戸)で開催された日本国際博覧会(略称:愛知万博)は最終入場者数2200万人余りを数え、好評のうちに閉幕した。この博覧会のもう一つの話題は、動くパビリオンともいわれ、同博覧会の主要アクセスとして日本で初めて実用化された磁気浮上式鉄道・愛知高速交通東部丘陵線(愛称:リニモ)の開業であった。

リニモは愛知万博開幕直前の3月6日に開業し、万博期間中に1969万人を輸送し、万博閉幕後も地域の足として活躍している。しかし、実はリニモは、万博のために開発されたモノではなかったという。華々しい登場までには、40年に渡る紆余曲折の歴史があった。

磁気浮上式システムの開発

リニモに採用された技術は、1970年代に日本航空が開発したHSST(High Speed Surface Transport=高速地表輸送機関)という新交通システムをベースにしている。当時の国鉄(現JR)が超電導を用いたリニアの開発を進めていたのに対して、HSSTでは常電導が採用された。1975年の浮上実験成功から、筑波博、バンクーバー交通博、横浜博などでの展示走行を経て、1989年に名古屋鉄道が中心となり、愛知県、日本航空などが出資して、中部エイチ・エス・エス・ティ開発株式会社を設立。実用化に向けて実験車両HSST-100S型を用いて、名古屋市大江の実験線で走行試験と改良を重ねてきた。

写真上:「愛・地球博」でデビューしたリニモ/愛知高速交通株式会社提供
写真下:大江実験線を走行するリニモ/愛知高速交通株式会社提供

1995年からはリニモの原型となるHSST-100L型が完成し、長期走行試験を開始した。この実験に基づいて1999年に、東部丘陵線導入機種選定委員会から最適との評価を得て、採用が決定した。

磁気浮上システムには、磁石の反発力、あるいは吸引力によって車体を浮かす2通りの方式があるが、リニモは吸引力を採用している。図のように電磁石に電流が流れるとレールに向かって吸引力が生まれ、車体が浮上する。電磁石とレールの間隔は、センサーによって常に8㎜に保たれている。

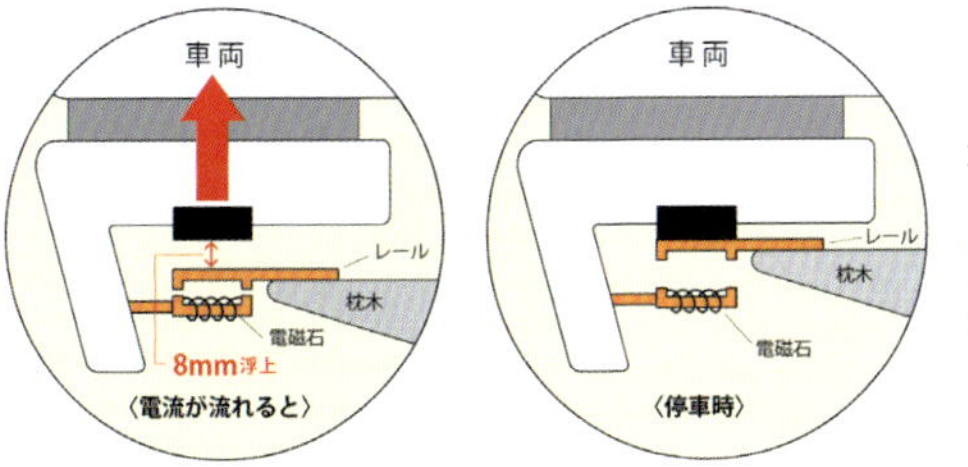

また、車両はリニアモーターによって走る。リニアモーターとは、磁石の吸引力と反発力で回転運動をつくりだす通常のモーターに対して、直線状に引き伸ばして、吸引力と反発力をそのまま推進力とするモーターをいう。多くの方は、「リニアモーター＝磁気浮上システム」と誤解しているが、リニアモーターは、モーターの新しい方式に過ぎない。

名古屋東部丘陵の地形を活かした新交通

リニモは、名古屋市営地下鉄東山線の藤が丘駅から愛・地球博記念公園（万博会場跡地・現モリコロパーク）を経て愛知環状鉄道線八草駅まで8・9㎞を17分で結んでいる。鉄道空白地帯といわれた長久手に、背骨を通した感じだ。沿線には半径75ｍの急カーブや60‰*の急勾配などがあるが、通常の鉄輪式鉄道には不可能な起伏の激しい線路条件も浮上式鉄道であるリニモなら可能だ。愛知万博の開催に合わせて、着工からわずか3年半で完成させた。

イラスト：リニモの浮上システム　写真下：ダイナミックにカーブを描くリニモ

＊60‰（パーミル）＝水平距離1000mに対して60mの垂直距離

ぶらり旅

まるで空中散歩 リニモだから見える景色がある

広々とした視界、洗練されたデザインまさに未来の交通システム

リニモの藤が丘駅は、地下鉄東山線藤が丘駅の東側にある。１番出入口から階段を下ると駅改札だ。リニモを楽しむなら、「１ＤＡＹフリーきっぷ」をお勧めしたい。何度でも乗り降りができ、とてもお得だ。実は、リニモに乗るのは、２００５年の愛知万博以来。ただし、万博開催期間中は、車内が

写真上：八草方面へ向かうリニモ　写真下：パノラマビューが楽しめるリニモの室内

大混雑で、リニモを楽しむ余裕はまったくなかった。それだけに、車内が空いていることや窓ガラスの大きさに驚いた。しかし、いちばん驚いたのは、運転手がいないことだ。自動運転とは聞いていたが、初めて見る不思議な光景だ。

右へ左へ、アップ&ダウン 8㎜浮上のダイナミック走行

リニモは暗い地下から明るい地上に向け、ゆっくりと動き出す。さあ、出発だ！ まずは、乗り心地と風景を楽しみながら終点まで乗ってみよう。リニモは藤が丘駅と八草駅を結ぶ8.9㎞を、約17分で走る。レールは、起伏の激しい名古屋東部丘陵地域の地形に合わせ、右や左、アップダウンを繰り返す。まるでジェットコースターのようで、見ていて飽きることがない。いちばん高い場所にある陶磁資料館南駅の標高は177mにもなり、藤が丘駅との高低差は130mにもなるそうだ。

はなみずき通駅の手前で、リニモは地上に姿をあらわし、駅を過ぎると右へ大きく曲がり、すぐに左へ大きく曲がる。90度以上もある急カーブだ。

続く杁《いり》ヶ池公園駅からはアップダウン体験だ。美しい長久手の街並みが、眼下に広がる。緑を縫うようにアピタ、イオンモール、IKEAなどの大型商業施設が沿線に並ぶ。また、東部丘陵地域は「あいち学術研究開発ゾーン」に指定され、エリア内に9つもの大学があるそうだ。

リニモでしか体験できない、標高177mからのパノラマビュー

芸大通駅を越えたあたりからスピードアップ。確か、この次の公園西駅あたりから傾斜が激しくなるはずだが、60‰の傾斜でも軽やかに坂を上る。まさにリニモの本領発揮だ。右手に大観覧車が見えたら、まもなく愛・地球博記念公園駅だ。当時とずいぶん様子は変わったが、公園は相変わらず大勢の人でにぎわっている。

お隣は陶磁資料館南駅。標高

写真：アップダウンが多いリニモの路線

が高いだけに景色が素晴らしい。晴れた日には、西に名駅のビル群、その向こうに養老山地や鈴鹿山脈、北には伊吹山、御嶽山、東に猿投山など三河の山々が望める。この眺望の美しさは、空中を走るリニモでしか体験できない最高の贅沢だ。終点の八草駅では愛知環状鉄道線と連絡している。全駅のホームは、全面がガラス張りになっており、電車が到着するまでドアが開かない。これなら安全だ。外の景色も楽しめる。

オシャレな「はなみずき通」から憩いの「杁ヶ池公園」界隈へ

八草《やくさ》駅からは、再び藤が丘駅に戻り、今度は各駅で下車して駅周辺を散策してみよう。最初のはなみずき通駅前には常照寺がある。この寺には、小牧長久手の合戦で戦死した池田恒興、長男の元助、森蘭丸の兄・森長可の墓がある。戦国ファンなら見逃せない。次の駅では、その名前の由来になった「杁ヶ池公園」へ向かう。

駅から徒歩10分の距離だ。杁ヶ池は、元々は農業用の溜池だったそうだが、都市整備に合わせて公園として整備された。池の周りが遊歩道になっており、春は桜、秋は紅葉が楽しめ、市民の憩いの地になっている。

長久手古戦場で過去を思い、トヨタ博物館で未来を考える

長久手古戦場駅では、隣接するイオンモール長久手を覗いてから、「古戦場公園」へ向かう。今から

写真上：陶磁資料館南駅からの遠景／愛知高速交通株式会社提供
写真中：急勾配に強いリニモ　写真下：秋の杁ヶ池公園

450年前、この地で、日本の覇者を競い豊臣秀吉軍と徳川家康軍が戦った。その際、姫路城を造った池田輝政の父・恒興、輝政の兄・元助、森蘭丸の兄・長可が戦死し、家康軍が圧倒的な勝利を収めた。公園内には長久手市郷土資料室（現在閉館中、2022年に新しい施設に建て替え予定）がある。

「芸大通」ではトヨタ博物館を見学する。トヨタ自動車株式会社が運営する自動車の博物館だ。国内外の自動車約140台の展示によりガソリン自動車の誕生から現在までと、ガソリン自動車の技術・文化の歴史を紹介している。自動車には、あまり興味がないので軽く流すつもりで訪問したが、中を見学してその豪華さ、美しさ、クオリティに度肝を抜かれた。人力車から、クラシカルな自動車やスーパーカー、水素自動車など、見ても、見ても見飽きない。私でさえ感動したのだから、自動車ファンなら堪らないだろう。隣の公園西駅では、以前から気になっていたIKEA長久手を訪れた。

愛知万博を思い出しながら、モリコロパークを歩く

愛・地球博記念公園駅で下車。愛知万博から14年。愛・地球博記念公園（愛称モリコロパーク）は、今は緑と水に囲まれた自然豊かな記念公園として市民の憩いの広場になっている。151・5haの広大な敷地には、野球場、テニスコート、フットサル場、多目的広場など、公共施設が充実している。愛知万博を思い出しながら公園内を歩く。

写真上：トヨタ博物館の展示室　写真下右：「愛・地球博記念公園」駅
写真下左：愛・地球博記念公園

地球市民交流センター、フレンドシップ広場を通り、アイススケート場を右手に見ながら南下。スタジオジブリ映画「となりのトトロ」ゆかりの「サツキとメイの家」へ向かう。この施設の観覧券は、当日販売と事前予約がある。この日、すでに当日券は売り切れていたので、私は仕方なく展望台から見学することに。2022年秋には、ここに「ジブリパーク」が開業する予定だという。今でも大人気なのに、今度は世界中からファンが集まることであろう。「愛・地球博記念館」には、万博ゆかりの品々が展示してあり、何とも懐かしい。展示物や写真を見ながら、長い時間滞在した。

陶磁資料館南駅に隣接して、国内屈指の7000点超のコレクションを誇る愛知県陶磁美術館がある。広大な敷地には作陶体験ができる陶芸館など、1日遊べる体験型施設だ。ゴールは八草駅。ここから愛知環状鉄道線に乗り換え、尾張（高蔵寺方面）や三河（岡崎方面）へ向かうのも楽しいだろう。「八草」は古くから、尾張と三河が交わる地点で、街道が通っていた。今は、そこに鉄道が走る。

©Studio Ghibli

急速に発展する街・長久手 リニモは、街を貫く背骨のようだ

久しぶりに訪れた長久手は、大きく変貌を遂げていた。街には、高層マンションやオシャレな店が立ち並び、人口が急増している。資料によると「全国一住民平均年齢が若い街」、「住みよさランキング全国2位（2018年）」なのだそうだ。リニモは、その発展する街を貫く背骨のようだ。どこのエリアを歩いても、上空にリニモが見える。この日も、若い家族や外国人の親子など、幸せそうな人々とたくさん出会った。

写真中：サツキとメイの家
写真下：長久手市を横断するリニモ

約8㎜の浮上体験 52トンのリニモが、片手で動かせるという

今回の取材の最後に、リニモの車両基地を見学させていただいた。リニモの駆動システムが、あまりにも従来の鉄道と違っているので、実際に見てみたいと思ったからだ。

最初に約10分のビデオで全体の特徴を把握。次に、リニモが「どうやって浮上するのか?」、「どうやって前へ進むのか?」を、パネルと模型を使ってわかりやすく教えていただいた。模型に実際に手で触れることで、磁気によるわずか8㎜の浮上感覚を実感することができる。

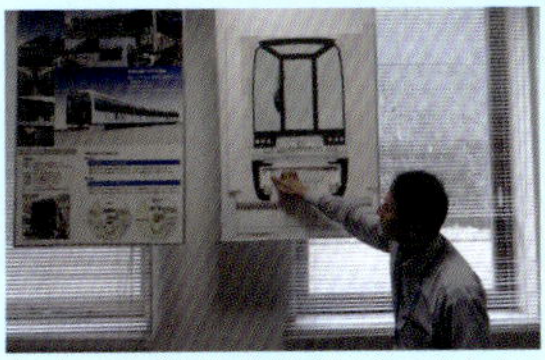

リニモは浮いているからこそ、車輪との摩擦がなく、静かで急カーブに強い。リニアモーターを使っているから加速力や登坂《とはん》力が強く、高低差が約130mもある丘陵地域に最適な交通システムであることが理解できる。

次に訪れたのは運転指令室。リニモは完全自動無人運転で、この部屋ですべての走行や停止を監視している。最後に、車両基地に入り、点検中の車両を見学した。実際に、電磁石とリニアモーターを見ることで、近未来の技術が身近に感じられる。

今回は体験できなかったが、リニモが浮上している時は、52トンもある車両が片手で動かせるというから驚きだ。

トヨタ博物館
●開館時間／9時半～17時
（入館受付は16時半まで）
●休館日／月曜日（祝日の場合は翌平日）・年末年始
●入館料／大人1，000円
65歳以上500円
中高生600円・小学生400円
＊2020年1月より料金改定予定

愛・地球博記念公園
●開園時間／8時～19時
（11月～3月は18時半まで）
●休館日／月曜日（祝日の場合は翌平日）
●休園日／年末年始（12月29日～1月1日）
●入園料／無料

愛知県陶磁美術館
●開館時間／9時半～16時半
（7月～9月は17時まで。入館は閉館の30分前まで）
●休館日／月曜日（祝日の場合は翌平日）・年末年始
●入館料／一般400円・高大生300円

写真上：リニモの浮上システムをパネルで紹介
写真中右：磁気で浮上するリニモの模型　写真中左：車両基地で点検中の車両

愛知高速交通東部丘陵線
リニモの車両

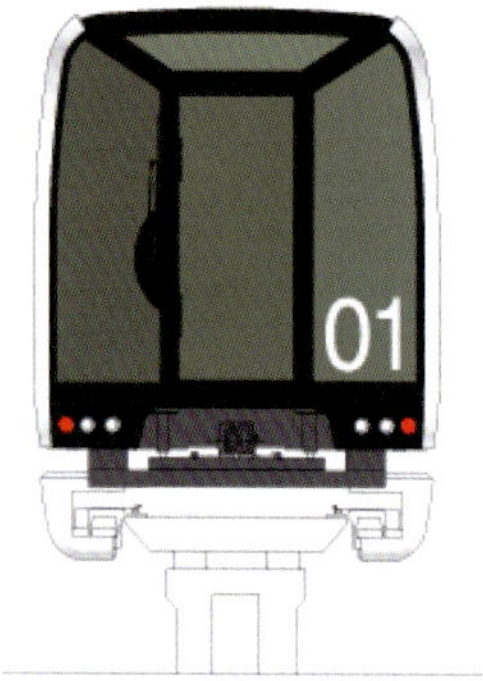

●愛知高速交通 100 型電車

■車両編成／３両固定編成、編成列車43.3m
■車両寸法／車体長14.0m（中間車13.5m）×幅2.6m×高さ3.45m
■乗車定員／１編成244人（座席定員104人）
■車両構造／アルミ合金製、乗降扉片側２ヵ所
■浮上装置／U型常電導電磁石（浮上高さ8mm）
■推進装置／リニアインダクションモーター、VVVFインバータ制御
■運　　転／ ATOによる自動運転

デザイン

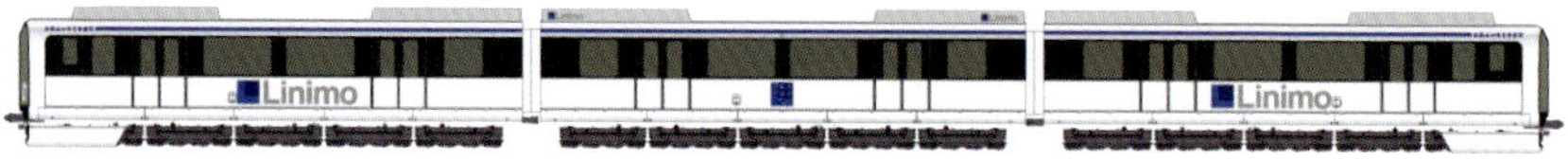

■車体構造にはアルミニウム合金を採用した軽量なもので、車体はアルミ合金製で編成は3両、前照灯は左右2灯ずつで、その外側に赤色尾灯が1灯ずつ配されている。行先表示器の設置は無い。前照灯にはHIDが採用されていたが、2016（平成28）年3月末頃から順次LEDに交換されている。■リニモの車両デザイン、サイン計画、CI計画などデザイン全般は、沿線にキャンパスを構える愛知県立芸術大学のデザインの先生が協力した。車両デザインは、白を基調とし、透明感が感じ取れるブルーを象徴的に構成して、路線の愛称であるリニモのロゴタイプを車体中央に配している。■先頭部は、総ガラス張りのカット形状となっており、非常に視界が良い。2005年度グッドデザイン賞、2006年ローレル賞受賞。9つすべての駅に関しても、シンボルマークやカラーを開発して地域の特性を表現している。

特徴
1 快適な乗り心地

車体がレールを抱え込む構造のため、脱線などの事故の心配がなく、浮上して走行するため、雨や雪の影響を受けにくい

特徴
2 加速性がよく、急カーブ、急勾配に強い

リニアモーターを利用するため急勾配、急カーブがスムーズで加速性が高い

特徴
3 安全性・信頼性が高い

レールとの接触がないので騒音や振動が少なく、沿線環境に優しく乗り心地が良い

イラスト：リニモの車両デザイン／愛知高速交通株式会社提供

路線図

● … 駅名　★ … 駅付近の観光名所

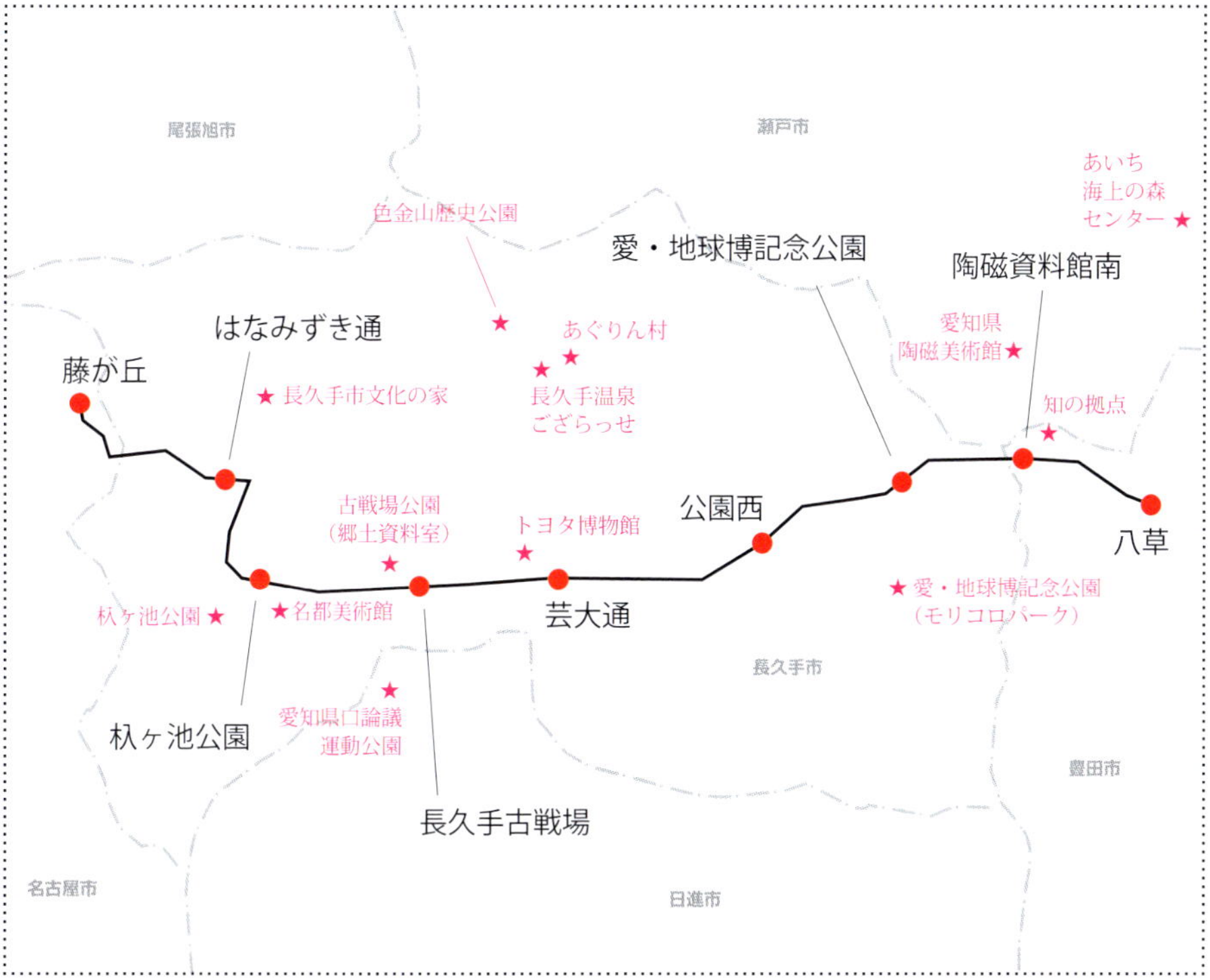

主な停留場までの所要時間と運賃

藤が丘から

・はなみずき通	3 分	170 円	・公園西	11 分	300 円
・杁ヶ池公園	5 分	240 円	・愛・地球博記念公園	13 分	360 円
・長久手古戦場	7 分	240 円	・陶磁資料館南	15 分	360 円
・芸大通	9 分	300 円	・八草	17 分	380 円

お得なきっぷ

1DAYフリーきっぷ

1日乗車券　おとな 800 円
子ども 400 円

愛知高速交通株式会社

TEL 0561-61-4781

http://www.linimo.jp/

伊勢鉄道

三重県

河原田〜津

四日市市と津市を、最短距離で結ぶ伊勢鉄道。
四日市、鈴鹿、津と、三重県の代表都市を縦断しているのに、
1両編成の非電化のディーゼル車。
しかも1時間に1本のローカル線だ。
右は鈴鹿山脈、左は伊勢湾。
信じられないほど美しい田園風景の中を、
ミニチュアのような軽快気動車が、悠々と走り抜ける。
何だろう、この安らぎは。
JR関西本線と紀勢本線に挟まれ、ここはまるで、
時間が止まっているかのように、静かな時が流れている。

基本データ

開　　業／1987（昭和62）年3月27日

駅　　数／10駅

路線距離／22.3㎞

軌　　間／1067mm

最高速度／100㎞/h（普通列車）

写真：田園風景の中を走る伊勢鉄道／伊勢鉄道株式会社提供

■伊勢鉄道のあゆみ

JR関西本線とJR紀勢本線をつなぐ、短絡ルートとして誕生

四日市と津を最短で結ぶ短絡ルート

かつて国鉄（現JR）を利用して四日市（関西本線）から津（紀勢本線）方面へ行く場合は、関西本線と紀勢本線の結点である亀山を経由しなければならなかった。路線図を見ればわかるように、これはかなりの遠回りで、しかも同駅で列車の方向転換が必要だったため、距離においても、所用時間においても大幅な障害となっていた。

そのため1965（昭和40）年、日本鉄道建設公団によって、念願の関西本線・南四日市駅と紀勢本線・津駅を最短距離で結ぶ短絡線が建設され、1973（昭和48）年に国鉄伊勢線という新しい名称を付けて開業した。当時の日本は高度成長期の真っただ中、四日市界隈は東海圏を代表する中京工業地帯として大開発が進められていた。1962（昭和37）年には、伊勢線と工場地帯を結ぶ貨物専用の南伊勢線も計画された。これによって、当時急速に乗客を増やしつつあった近鉄名古屋線に対抗する狙いがあった。

厳しい船出になった国鉄伊勢線の開業

しかし運が悪いことに、その後に起こった四日市ぜんそくに端を発する公害問題や第1次オイルショックなどにより、伊勢線沿線の工業開発計画は頓挫、南伊勢線の建設も凍結されてしまった。そんな厳しい状況だったため、伊勢線は1日に特急「くろしお」1往復、急行「紀州」3往復、普通7往復しか運転されず、当初予定されていた貨物列車の運行もなく、貨物列車は相変わらず亀山経由で運行され続けた。

路線図：伊勢鉄道はJR関西本線とJR紀勢本線を最短で結んだ

国鉄から第3セクター鉄道へ移管

1986（昭和61）年に第3セクター鉄道への転換が決定。同年、伊勢鉄道株式会社が設立され、翌年、河原田《かわらだ》～津間で営業を開始した。国鉄伊勢線が南四日市～津間だったのに対し、継続区間を河原田起点に変更したのは、南四日市～河原田間の二重戸籍を解消するためで、以降、同区間の戸籍は関西本線のみとなった。自社の路線は河原田～津間だが、普通列車はJR東海の路線に乗り入れ、四日市～津間を直通する。

その後、民営化したJR東海によって1990（平成2）年に快速「みえ」が運転を開始し、1992年には特急「南紀」にキハ85系が導入された。伊勢鉄道でも駅の新設や複線化を進め、国鉄時代と比較すると輸送力が大幅に向上した。また、2005（平成17）年に車両更新が完了し、2007年には特急「南紀」・快速「みえ」の定期全列車、鈴鹿駅停車が実現するなど、旅客サービスの向上にも努めている。

2017（平成29）年に、伊勢鉄道は開業30周年を迎えた。その年には、キャラクターの愛称募集、記念きっぷ・記念入場券の発売、記念イベントの開催など、さまざまな催しが企画された。沿線には「鈴鹿サーキット」、国宝に指定された真宗高田派の本山「専修《せんじゅ》寺」などがあり、今後、観光面においての開発が期待されている。

写真上：1987 年伊勢鉄道の開業日（列車到着式）／増井仁氏提供
写真中：2003 年に導入された新車両イセⅢ型気動車／増井仁氏提供
写真下：伊勢鉄道が発着する津駅 1 番ホーム

ぶらり旅

鈴鹿サーキットから歴史遺産まで、見どころ満載の沿線

四日市から始まる軽快気動車による「伊勢鉄道」の旅

伊勢鉄道の起点駅は河原田だが、河原田から乗車する人は少ない。名古屋方面から向かう場合は、四日市でいったん電車を降り、伊勢鉄道に乗り換える。伊勢鉄道の乗り場は、関西本線の奥にある3番ホーム。離れているので、案内板をよく見ないと見落としてしまう。しかも、ほぼ1時間に1本なので、時刻表の確認も必要だ。ホームに向かうと1両編成の気動車が、ディーゼル独特の音を

写真上：津方面行と四日市方面行が並ぶ玉垣駅
写真下：四日市駅の伊勢鉄道のりば

立てて停車していた。車両はイセⅢ形。列車は意外と混んでいる。列車は住宅街を抜け、工場が密集する南四日市へ。途中まではＪＲ関西本線と並走するが、内部川《うつべ》を渡ると独自の道を進む。伊勢鉄道は非電化区間だが、路線は高規格の複線になっており、とてもスムーズに走る。ただ、複線区間は中瀬古駅までで、中瀬古を過ぎると単線区間となる。

　南四日市駅を発車してから約4分で河原田駅へ到着。この駅から伊勢鉄道の区間に入る。駅は思いのほか殺風景で、遠くに工場の煙突が見える。河原田を出た列車は一気に加速して、轟音を立てながら鈴鹿川を渡り鈴鹿市へ。鈴鹿市は三重県北部に位置する人口20万人の都市で、鈴鹿サーキットによって世界的に有名になったが、『日本書紀』に地名の由来が登場するほど歴史は古い。歴史ファンには神戸城《かんべ》の城下町としても知られている。さっそく、鈴鹿駅で下車して街を散策してみよう。

織田信長ゆかり 鈴鹿は、神戸城の城下町

「鈴鹿」というと自動車産業の街として知られているが、元々は旧神戸藩の城下町として発展した。せっかくなので、神戸城を訪問しよう。

　1567(永禄10)年、尾張(愛知)と美濃(岐阜)を制圧した織田信長は、大軍を率いて伊勢(三重)へ侵攻した。信長は、ブルドーザーのように小さな豪族たちを蹴散らしていったが、伊勢を代表する豪族の神戸氏、長野氏、北畠氏には、自身の三男・織田信孝、弟・信包《のぶかね》、次男・信雄《のぶかつ》を養子として送り込み、伊勢を支配した。神戸城は、神戸氏の養子に入った信孝の居城である。現在の神戸高校と神戸公園の敷地が城跡で、公園内には天守の石垣が残り、石碑が建っている。石垣の、あまりの見事さに驚かされる。決して、大きくはないが、初期の石積み方法である野面積《のづらづみ》がそのまま残っており、

写真上：四日市工業地帯を走る伊勢鉄道／伊勢鉄道株式会社提供
写真下：神戸公園にある神戸城天守の石垣

三重県の史跡に指定されている。神戸高校の北にある龍光寺では、毎年3月「かんべの寝釈迦まつり」が盛大に行われている。

車両基地を見学してから、石垣池公園を散策

再び鈴鹿駅に戻り、伊勢鉄道に乗車。日本で高速で走ることができる複線非電化区間は、北海道を除けば、伊勢鉄道だけだという。わずか数分だけ乗車して、次の玉垣駅で降りる。玉垣には、伊勢鉄道の本社と車両基地がある。基地内では、車両の清掃が行われている。駅の周りをひと回りして、駅の様子を見学する。駅のホームには、津方面へ向かう列車と四日市方面へ向かう列車が並んでいる。電車ファンなのだろうか、線路をまたぐ歩道橋の上から親子づれが列車を眺めている。

駅のすぐ近くに石垣池公園が広がっている。公園内には、野球場、陸上競技場、市民プールがあり市民の憩いのスペースになっているようだ。取材当日、中学校の陸上大会が開かれていて、公園内は陸上選手たちであふれていた。石垣池は、江戸時代につくられた溜池で、春は桜、秋は紅葉が美しく、周囲を歩くだけでも気持ちがいい。

大人気の鈴鹿サーキット期間中は、電車で行くのがイチバン

玉垣駅に戻り、再び伊勢鉄道に乗車、隣駅の「鈴鹿サーキット稲生《いのう》駅」で降りる。少し歩くが、この駅が鈴鹿サーキットへの最寄駅だ。高架になっている駅で降りたら、線路のガード下をくぐり、反対側へ回る。ゆるやかな坂を上り、「サーキット道路」と呼ばれる市道を西へ向かう。視界に遊園地の観覧車が見える。ここを真っ直ぐ歩けば鈴鹿サーキットだ。

鈴鹿サーキットは、国際レーシングコースを中心としたレジャー施設で、F1日本グランプリや鈴鹿8時間耐久ロードレースなどの開催で知られている。レーシングコースのほかに遊園地やホテル等があり、一大モビリティリゾー

写真上：玉垣駅の車両基地　　写真中：石垣池公園

トを形成。モータースポーツを中心に、家族で楽しめる。レース期間中には国内外からトップレーサーが来場し、この「サーキット道路」が渋滞するので、伊勢鉄道を利用した方が得策だろう。

お市の方と三人の娘が暮らしていた伊勢上野城跡を訪れる

中瀬古駅を過ぎトンネルを抜けると、伊勢上野駅に着く。伊勢上野駅から田中川を越え南下すると、伊勢上野城の城跡を利用した本城山青少年公園に到着する。ここに、織田信長の弟・信包が1569（永禄12）年に入城し、信長の妹・お市の方と3人の娘が7年間暮らしていたという。1573（天正元）年、北近江（滋賀）の戦国武将・浅井長政は、信長に攻められ自害した。その後、妻のお市は、3人の娘を連れて信包の元に身を寄せたようである。公園内には、天守台跡、二之丸跡、武家屋敷跡が残っている。高台になっている展望台からは、伊勢湾が一望でき、晴れた日には知多半島や鈴鹿山脈が見渡せる。

御影堂と如来堂が国宝に指定された高田本山専修寺

東一身田《ひがしいしんでん》駅が近づいて来ると、右手に大きな伽藍《がらん》建築の建物が見えてくる。浄土真宗高田派の本山、高田本山専修寺だ。2017年末に国宝に指定され話題になったので、覚えている方も多いことだろう。駅から徒歩10分なので、ぜひ見てほしい。駅を出て左折、次の角を右折し真っ直ぐ進むと到着する。山門から境内へ入る。正面に、先ごろ

写真上：鈴鹿サーキット　写真中：伊勢鉄道の側面

国宝に指定された御影堂《みえいどう》と如来堂が聳え立つ。高田本山は全国に600以上の末寺を持つ浄土真宗高田派の総本山で、現在の伽藍は江戸時代に津藩の強力な援助によって整備された。

国宝5件、重要文化財は山門、唐門など11棟を数え史跡としても第1級だ。まずは、平成の大修理が行われた国宝・御影堂から。親鸞の木像を安置する780畳敷の大御堂だ。その迫力と精緻を極めた美しさに圧倒される。そして通天橋を渡り如来堂へ。ここには、高田派こそ真宗の法灯集団であることを伝える「証拠の如来」が安置されている。

「津」は知られざる一大観光地
津駅から津城跡まで街を散策

伊勢鉄道の終点は津駅だ。津は三重県中部に位置する人口約28万人の都市で、三重県の県庁所在地である。江戸時代は、お伊勢参りの宿場町として栄え、伊勢音頭に「伊勢は津でもつ、津は伊勢でもつ。尾張名古屋は城でもつ」と謳われていた。

あまり知られていないが、実は観光地としても見どころは満載である。お勧めしたいのは、津駅から津城跡に至る約4㎞の散策コース。津は、徳川家康の腹心・藤堂高虎が開いた町で、かつては安濃津《あのつ》と呼ばれていた。「津」とは「湊」という意味だ。現在も、街のあちこちに、城下町の面影が残っている。

写真上：高田本山専修寺の山門
写真下：津城跡

■築城の名手・藤堂高虎ゆかりの津城跡と寒松院

伊勢鉄道の終点・津市を訪れた際は、築城の名手・藤堂高虎が造った津城と、その菩提寺・寒松院《かんしょういん》を見ていただきたい。

津駅の東口から駅を出て国道23号に沿って南下する。安濃川の北にある四天王寺は、織田信長の弟で、かつて安濃津城主だった織田信包が再建した寺。墓地には信長と信包の母である土田御前《どたごぜん》の墓がある。信長と仲が悪かった土田御前の面倒を、信包が見ていたのだろうか。

さらに南下すると日本三大観音の一つである津観音。大門大通商店街を下り、フェニックス通を左折、上宮寺を右折すると大きな五輪塔が見えてくる。藤堂家の菩提寺・寒松院だ。ここに「史跡 津藩主・久居藩主歴代墓苑」がある。中に入ると墓の大きさとその数に圧倒されるだろう。津藩主と分藩である久居藩主の墓が26も並ぶ。藤堂家の威光を感じる圧巻の光景だ。

いったん国道23号に戻り、市役所の方向へ向かうと津城跡とお城公園がある。津城は、織田信長の伊勢・伊賀侵攻により、弟の信包が城主となった。その後、高虎が津幡23万石の居城として大幅に改修。三層の丑寅櫓《うしとらやぐら》は復元だが、高虎が造った石垣は当時のまま残っている。高虎は、築城の名手といわれ特に石垣の美しさには定評がある。お城公園にある高虎の像を眺めながら、歴史ロマンに浸るのも伊勢鉄道の楽しみの一つではないだろうか。

写真上：四天王寺の山門　写真中：寒松院にある藤堂家の墓苑
写真下：津城丑寅櫓（復元）

伊勢鉄道の車両

●イセIII型気動車

■1987（昭和62）年の開業の際にイセＩ型が投入され、1989（平成元）年にイセII型が増備されたが、老朽化に伴い代替車として、イセIII型4両が富士重工業・新潟トランシスで製造された。

■車体長がイセＩ型・イセII型の15 mに対し、18 mに延長され、車体材質がステンレスになっている。正面に貫通路が設けられた両運転台式で、床面高さは1,150 mmと低く、ステップレスとなった。

■走行性能は、最高運転速度100㎞/hとなり、従来車の80㎞/hに比べ、大幅に向上している。車内中央部には4人掛けバケットタイプのボックスシート6組が設けられ、それ以外の部分はロングシートとなっている。イセＩ型・イセII型と同じように走行距離が短いことからトイレは設置されていない。
また、旅客用乗降扉は従来の折り戸から片開き引き戸に変更された。

■2002（平成14）年度から2005年度にかけて毎年1両ずつ製造されイセＩ型、イセII型を置き換えた。2003年（平成15年）2月から営業運転に投入された。

●特急「ワイドビュー南紀」（JR東海キハ85系）

●快速「みえ」（JR東海キハ75形）

写真下：伊勢鉄道株式会社提供

路線図

● … 駅名
★ … 駅付近の観光名所

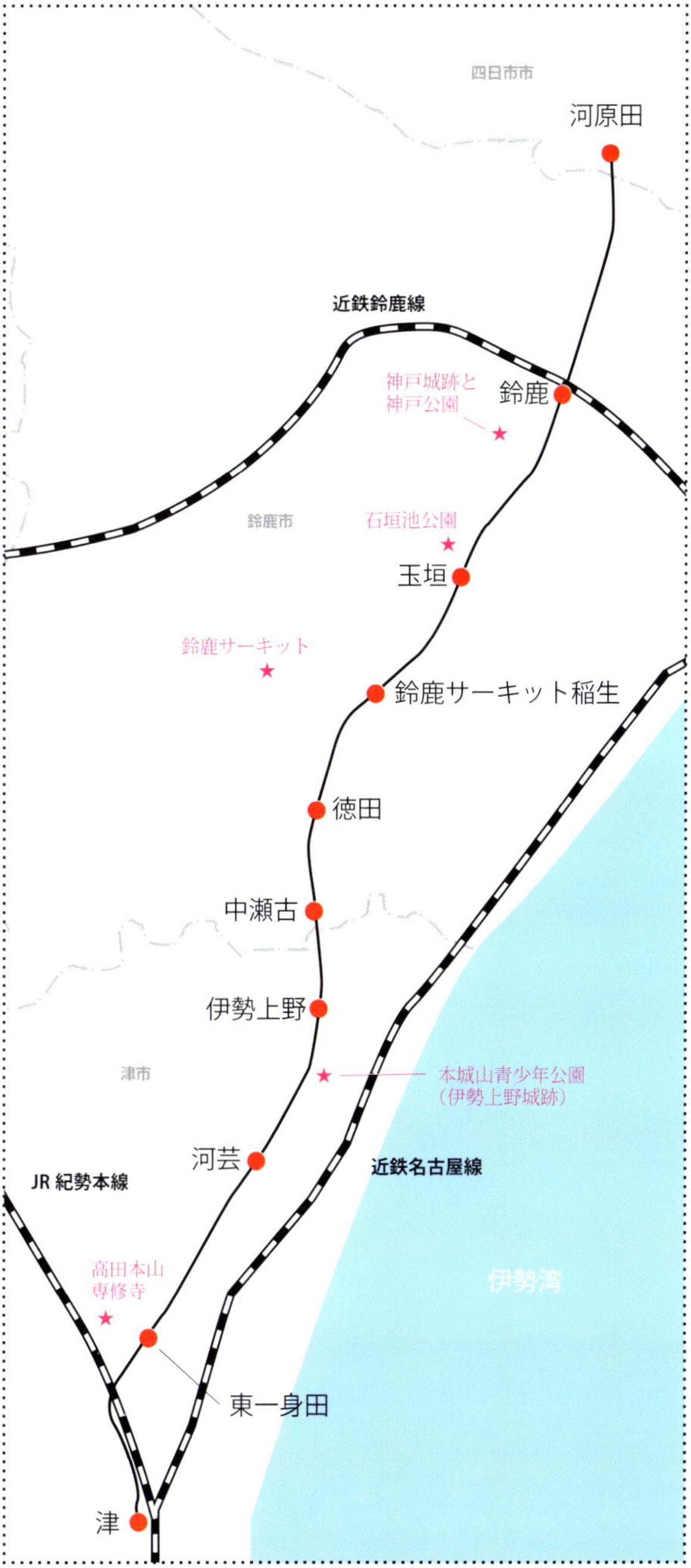

主な駅までの所要時間と運賃

河原田から

鈴鹿	約 4 分 220 円
玉垣	約 8 分 260 円
鈴鹿サーキット稲生	約 10 分 300 円
徳田	約 13 分 300 円
中瀬古	約 16 分 360 円
伊勢上野	約 18 分 360 円
河芸	約 21 分 400 円
東一身田	約 25 分 440 円
津	約 30 分 520 円

伊勢鉄道株式会社

TEL 059-383-2112

mie@isetetu.co.jp

Facebook イベント情報などを
お知らせしています

JR東海 名松線

三重県

松阪〜伊勢奥津

写真：雲出川を渡る名松線（伊勢八知駅付近）

松阪と伊勢奥津を結ぶ名松線は、
「奇跡のローカル線」と呼ばれている。
台風被害や赤字経営など、幾度となく廃線の危機に直面しながらも、
不死鳥のように蘇っているからだ。
しかし、それは決して奇跡なんかではない。
名松線を愛する沿線住民と自治体が、
蘇らせるために、あらゆる努力を続けているからだ。
名松線の観光名所は、渓谷を彩る四季折々の絶景と、
住民の笑顔である。

基本データ

開　　業／1935(昭和10)年12月5日
駅　　数／15駅
路線距離／43.5㎞
軌　　間／1067mm
最高速度／65km/h

■名松線のあゆみ

災害や逆境を乗り越えてきた奇跡の列車

6年半ぶりに運転再開

北海道新幹線の開業で日本中が沸いた２０１６（平成28）年3月26日、被災から6年半の歳月を経て名松線が運転を再開した。開通式の際、鈴木英敬三重県知事は感無量の表情でこう挨拶を述べた。「北海道新幹線に比べたら規模は小さいが、私たちは胸を張っていい。名松線の方が地域に愛されている鉄道であることは間違いない」。確かに、名松線の復興には、鈴木知事がこう言い切るだけの紆余曲折があった。

名松線の歴史は１８９２（明治25）年から始まる。当初は奈良県の桜井と三重県の松阪を結ぶ計画であったことから、両都市の頭文字をとって「桜松線」と呼ばれた。しかし、１９２２（大正11）年に公布された改正鉄道敷設法により、名張と松阪を結ぶ路線に変更となり「名松線」と名称を替えた。

１９２７（昭和2）年から建設が開始され、１９29年松阪～権現前、１９３０年には井関まで開通したが、この時点で参宮急行電鉄（現・近鉄大阪線・山田線）が、先に名張～松阪間を開通させたため、名松線の必要性はなくなってしまった。

しかし、途中で建設を止めることができず、１９３１（昭和6）年には家城まで、１９３５年には伊勢奥津まで結ばれたが、さすがに伊勢奥津～名張間の工事は中止された。

災害と赤字で廃線の危機

戦後に入ると、沿線の過疎化などの影響により乗客は減り続けた。そのため国鉄が赤字計上

写真上：名松線、6年5ヶ月ぶりに全線で運転再開／名松線を元気にする会提供
写真下：伊勢奥津駅の給水塔の下で休むC11型蒸気機関車／名松線を元気にする会提供

を始めた１９６８（昭和43）年、名松線は鉄道路線としての使命を終えたとされる「赤字83線」に指定され、廃止勧告を受けた。

さらに、１９８２（昭和57）年８月には、台風被害により全線が不通となり、その直後の11月には、輸送密度が１日４０００人未満の「特定地方交通線」として、またもや廃止対象路線区に指定された。ついに国鉄は「復旧させずにバスに転換する」との方針を打ち出してきた。

このまま廃線を迎えてはならないと、地元の美杉村では全村をあげて熱心な存続運動を展開し、翌年には全線の復旧を実現。

１９８５（昭和60）年には、並行する道路が未整備で、バスの運行が困難と判断され、国鉄サイドも存続を決断した。

名松線を愛する11万の署名

しかし、その後も災害は容赦なく名松線を襲う。２００９（平成21）年10月、台風直撃で甚大な被害に見舞われた名松線に対し、ＪＲ東海は「不通になった家城〜伊勢奥津駅間をバス輸送に転換する」と発表した。もはやこれまでかと絶望的なムードが漂うなか、人口わずか５９００人ほどの美杉町の人々が、またしても果敢に立ち上がった。

美杉町の動きに津市自治会連合会が素早く呼応し、瞬く間に反対署名活動が津市全体に広がった。わずか３ヶ月足らずで集まった署名は11万６０００名。ついに市民の声が、行政とＪＲ東海を動かした。

２０１０（平成22）年、ＪＲ東海は「三重県と津市による治山・治水工事と維持管理」を条件に名松線の復旧工事を行うことを会見で表明した。これにより、名松線の鉄道としての安全運転が確保される見通しとなり、２０１６（平成28）年３月26日、ＪＲグループのダイヤ改正と同時に全線が運転を再開し、完全復旧となった。

運転再開を迎えたこの日、伊勢奥津駅は再開を祝う大勢の人々であふれかえった。初日の利用者は２１４０人、翌27日は１３００人、３日目の28日も３００人が利用した。

写真上：松阪行き列車は、蒸気機関車がバックで運転、しかも貨車をつないでいた
／名松線を元気にする会提供

写真中：1965 年、全列車が気動車になった／名松線を元気にする会提供

ぶらり旅

雲出川の激流、美杉が群生する山並み秘境を走破するアドベンチャー列車

2時間に1本のディーゼル列車秘境、絶景を楽しみながらの80分の旅

名古屋から快速みえに乗って松阪へ向かう。名松線は、近鉄とJR紀勢本線が乗り入れる松阪駅の5番線から出発している。運行は2時間に1本。駅員がいる駅は松阪駅と家城駅のみ。飲食店も少ないので、出発する前に、松阪駅でお弁当や飲み物を準備することをお勧めしたい。

列車はたった1両のディーゼル列車。出発時刻が近づくと少しずつ人が集まってきた。どうや

写真上：森の中からあらわれる名松線
写真下：松阪駅の5番線ホーム（名松線のりば）

ら、乗客は自分一人ではないようだ。名松線は、独特のディーゼル音を出しながら、松阪駅をゆっくりと出発した。

　しばらくは紀勢本線と並んで北上し、線路が分かれると広々とした田園地帯へ入る。権現前駅では行き違い設備の痕跡が見られる。近鉄大阪線の川合高岡駅と至近距離にある一志《いちし》駅を出て、次の井関《いせぎ》を過ぎ、トンネルを抜けると、右手から雲出川《くもずがわ》があらわれる。

　この雲出川に沿って、どんどん山奥へ入っていくのが名松線の旅だ。伊勢川口駅から関ノ宮駅にかけては、雲出川沿いに広がる田んぼのなかを走る。絵に描いたような田舎の風景だ。

　列車が進むにつれて、次第に線路の両側に山並みが迫ってくる。移り行く景色を見ていたら、何だかテーマパークのアドベンチャーランドを冒険しているかのような気分になる。それほど、劇的に景色が変わり気分が高揚する。松阪を出て約37分、家城《いえき》駅に到着する。

家城駅で、珍しいタブレット交換　見どころは、家城ライン、湧き水「こぶ湯」

　家城駅で下車し、急いで雲出川八景・二雲橋へ向かう。駅前の道を、南西方向にまっすぐ歩くと二雲橋に到着する。名松線は家城駅で約10分程度停車するので、二雲橋の上で待機していれば、雲出川を渡る名松線を見ることができる。

　この辺りは「家城ライン」と呼ばれる景勝地で、雲出川の川原には奇岩が両岸にせまり、見事な渓谷美を生んでいる。油断していると名松線が鉄橋を通過。急いでカメラを向けるが撮影に失敗した。残念。

　気を取り直して近くを散策する。周囲はキャンプ場になっており、宿泊施設も完備している。目の前には山がそびえ、かなり山のなかに入った印象を受ける。

写真上：渓谷をぬって走る名松線　写真下：奇岩が両岸にせまる家城ライン

いったん駅へ戻り、次は駅の北東にある家城神社へ向かう。家城神社は、もともとは諏訪神社と呼ばれていたが、1909(明治42)年に周辺の神社や小さな祠など16社を集めて祀り家城神社と名を改めた。

この神社の裏手では「こぶ湯」と呼ばれる冷泉が岩の間から湧き出ている。『日本書紀』にも登場する湧き水で、この冷泉を汲み取りこぶのある所に塗るとこぶが取れると言われ、「こぶ湯」の名が付いたという。

再び家城駅に戻り、列車を待っていると、まず松阪行の列車が到着し、その後に伊勢奥津行が到着した。名松線の中間地点にある家城は、現在では線内唯一となった行き違い可能駅。ここでは、今では珍しいタブレットの交換が行われている。

松阪行が着くと駅員がタブレットを受け取り、必要な操作をした上で伊勢奥津行に渡す。これが通行権となるため、これを持たないと家城～伊勢奥津を走行することができない。

再び「伊勢奥津行」に乗車。この先が「奇跡の復活」をはたした区間になる。まだ台風被害の爪痕が残っており、道路の修復工事が行われている。伊勢鎌倉駅を過ぎると、列車は急カーブが連続する山肌をぬって走り伊勢八知《やち》駅に到着する。

伊勢八知駅は、美しい杉に囲まれた美杉町の中心地

伊勢八知駅で下車。駅舎は地元の美杉の杉を使った木造の建物だ。隣接する建物は、美杉産の杉、檜などをふんだんに使った純日本建築。美杉町が1989(平成元)年に林業関係者の活動拠点にしようと建築した美杉林業

写真上：家城神社の裏にある「こぶ湯」　写真中：家城駅の名物「タブレットの受け取り」

集会施設だ。駅の周囲には市役所総合支所、学校、農協、観光ホテル、美杉木材市場などがあり美杉町の中心地になっている。

雲出川に沿って北へ歩き、橋の上で名松線が来るのを待つ。どうしても激流の雲出川を渡る名松線を撮影したい。緊張が走る。なんせ名松線は、2時間に1本しか運行していないので、往路と復路を含めてもシャッターチャンスが1時間に1回しかない。家城で1度失敗しているので、今度は失敗できない。カメラを構えたままじっと列車が来るのを待つ。来た。無我夢中でシャッターを押す。今度は何とか成功。ようやく名松線の扉の写真が撮影できた。

横の看板を見ると、ここが「美杉リゾート」の入り口のようだ。シーズンになると大勢の観光客でにぎわうのだろう。施設内は火の谷ビール工場、プレジャーパーク、ウォーターパークなど充実している。

伊勢八知を出ると列車は勾配がきつくなってくる。平地では時速60kmを出していたキハ11形も40kmほどで、ゆっくりと上っていく。大きな岩が目立つ雲出川と杉林の深い緑が織りなす風景に目を奪われる。名松線は「山にへばりつく」ように線路が敷かれているため、落石や土砂崩れなどの自然災害に遭うリスクが高い。線路脇には山、崖、木が迫る。

終点・伊勢奥津は、伊勢本街道「奥津宿」の宿場町

山を抜け、あたりが開けてくると終着の伊勢奥津駅だ。無人駅だが、駅舎には「みんなで守ろう名松線」というスローガンが張られている。構内に今も残っている給水塔が1965（昭和40）年まで走っていたSL時代をしのばせる。

写真：伊勢八知駅　写真中：八知駅近くの美杉木材市場

駅の隣には、観光案内交流施設「ひだまり」があり旅人を温かく迎えてくれる。ここで冷たい水を1杯いただいた。のどが渇いていたので、とてもおいしかった。

駅のホームの先にある車止めが哀愁を誘う。本来であれば、ここから名張に向かって線路が敷かれる予定であった。「ひだまり」では、無料で電動自転車を貸し出している。駅の周囲は史跡の宝庫だ。少し足を伸ばせば、もっと名松線を満喫することができるだろう。

駅周辺を散策したら、伊勢本街道を伊勢方面に向かって歩いてみよう。雲出川にかかる宮城橋を渡ると「須郷の里」に入る。江戸時代、ここに伊勢本街道の奥津宿があった。伊勢本街道は、大和国（奈良）と伊勢神宮を結ぶ街道で、飛鳥・藤原京時代には、大和朝廷と伊勢神宮を結ぶ重要な道だった。

古くから、お伊勢参りの人々がここを通り、飼坂峠《かいさか》を越え多気《たげ》宿に向かった。この街道には鍛冶屋、桶屋、駕籠屋、傘屋などがあり、職人町として栄えていた。

のれん街は、それぞれ工夫を凝らした屋号を入れた手作りのアップリケや刺し子など意匠を凝らしたのれんが掛けられている。それを見ながら散策するのも楽しい。

街道筋の造り酒屋の白壁の酒蔵や旧旅籠などが宿場町の面影を残している。道端には江戸時代の年号が刻まれた常夜灯や自然石の道標が今も残っており、道標には「すぐいせ道」「すぐはせ道」と刻まれており、この「すぐ」は直行を意味している。

伊勢奥津から松阪へ向かう列車のなかで、名松線に対して手を振っている人々を見かけた。そういえば、旅の途中で何度も、地元の方と挨拶を交わした。名松線は、美しい景色もさることながら、地元の人たちの笑顔も心に残った。

写真上：車止めが印象的な伊勢奥津駅
写真下：古い建物が軒を連ねる伊勢本街道

歴史ロマンが息づく 城下町・松阪

松阪牛《まつさかうし》、松阪もめん、松坂城、御城番屋敷、城下町、松阪商人の屋敷……。前段が長くなるので本文では割愛したが、名松線の始発駅・松阪は、とても魅力のある街だ。素通りするのはもったいない。ぜひ、街を歩いていただきたい。

　松阪駅から駅前通を南西へ歩き、日野町の交差点を右折すると「本町」に至る。「本町」に入ると空気が変わる。まるで江戸時代にタイムスリップしたかのように、古い豪商の屋敷が軒を連ねる。三井グループのルーツ、三井家発祥地、旧小津邸の松阪商人の館、本居宣長旧宅跡、旧長谷川治郎兵衛家、「松阪もめん手織りセンター」では松阪もめんの機織体験ができる。

　大手通を南西に進むと松坂城だ。天守は残っていないが、自然石を積み上げた美しい石垣が残っている。城内には歴史資料館と本居宣長記念館がある。裏門跡から続く御城番《ごじょうばん》屋敷は、国の重要文化財に指定されている武家屋敷だ。

　もちろん、街中には「牛銀」や「和田金」などの高級店から低価格のお店まで、松阪牛専門の飲食店が多く、散策中に食欲がそそられる。風情あふれる城下町で、おいしい時間を過ごしては、いかがだろうか。

松阪商人の館
●開館時間／9時～17時
（入館受付は16時半まで）
●休館日／月曜日（祝日の場合は翌平日）・
年末年始
●入館料／一般１６０円

松阪もめん手織りセンター
●開園時間／9時～17時
●休園日／火曜日（祝日の場合は翌平日）

写真上：JR 松阪駅　写真中：松阪商人の館　写真左：松坂城の大手門跡

JR東海　名松線の車両

■基本は、キハ11形300番台が単行（1両編成）で使用されている。

■かつては伊勢車両区所属の0番台、または100番台が使用されていたが、2015（平成27）年より基本的に300番台が使用されるようになった。

■2016（平成28）年の全線復旧時に伊勢車両区が廃止になり、同時にＪＲ東海で運用されるキハ11形は名古屋車両区所属の300番台４両（303・304・305・306）のみとなった。

●電動アシスト付きレンタサイクル

伊勢八知駅（美杉総合支所）と伊勢奥津駅（ひだまり）では、無料で電動アシスト付き自転車を貸出している（小学4年生以上が利用可能）。

●パーク＆ライドのご利用

パーク＆ライドは一志駅と関ノ宮駅で利用できる。津市一志総合支所と白山総合支所に無料駐車場がある。

SL時代の給水塔

家城駅

伊勢奥津駅

路線図

● … 駅名　★ … 駅付近の観光名所

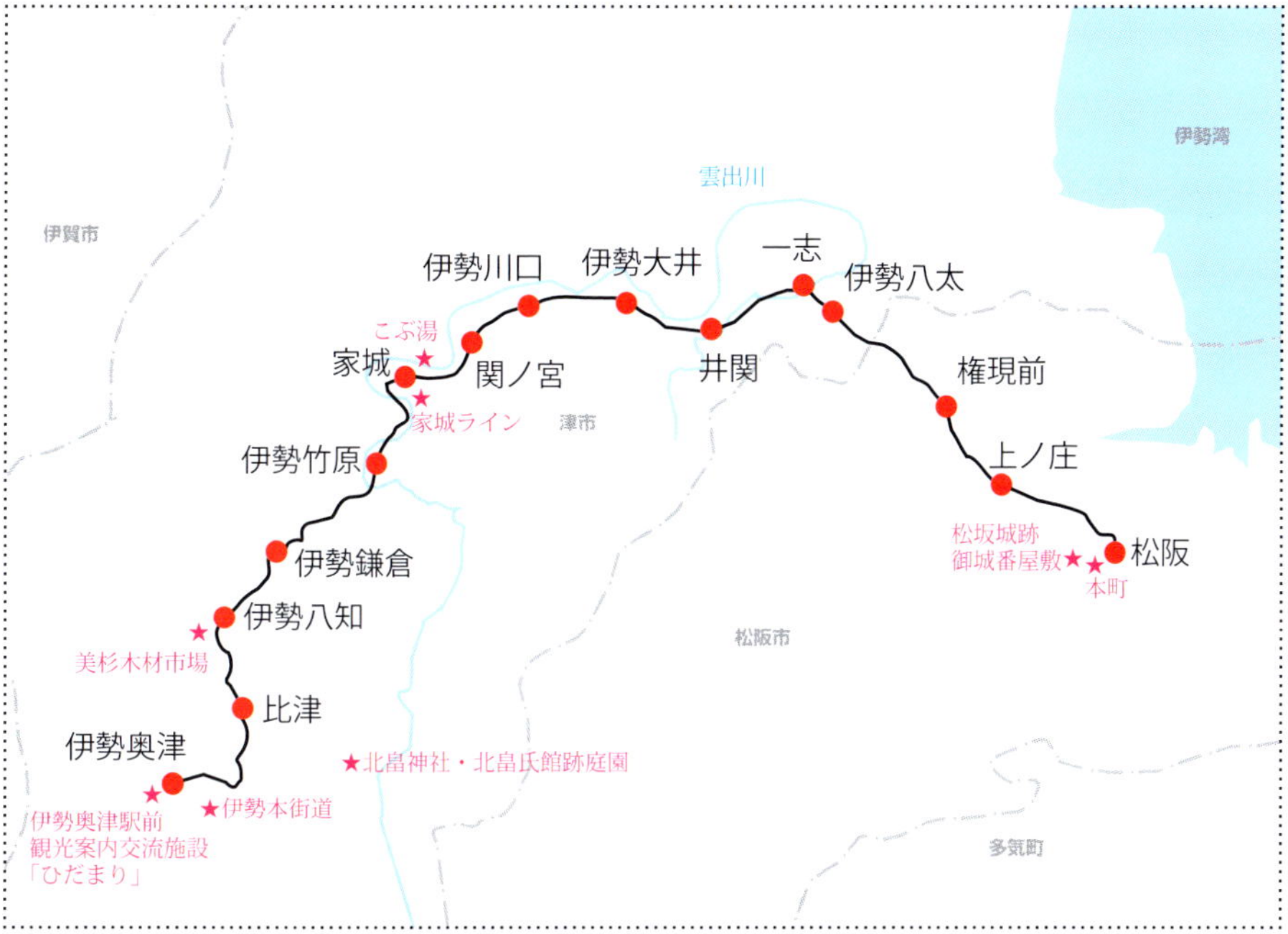

主な停留場までの所要時間と運賃

松阪から

・上ノ庄	約5分	190円	・関ノ宮	約32分	510円
・権現前	約9分	210円	・家城	約37分	510円
・伊勢八太	約15分	240円	・伊勢竹原	約56分	590円
・一志	約17分	240円	・伊勢鎌倉	約64分	680円
・井関	約21分	330円	・伊勢八知	約69分	680円
・伊勢大井	約25分	330円	・比津	約76分	770円
・伊勢川口	約29分	420円	・伊勢奥津	約84分	860円

※所要時間は、列車によって異なります。

東海旅客鉄道株式会社

https://jr-central.co.jp/

信楽高原鐵道

滋賀県

貴生川〜信楽

基本1両編成のディーゼル車が、
わずか6駅、14・7kmの単線路を走る。
急勾配の山を越え森林地帯を抜けると、
待っているのはのどかな里山。
信楽焼のギャラリーめぐりと陶芸体験。
ぬくもりの旅に出かけよう。

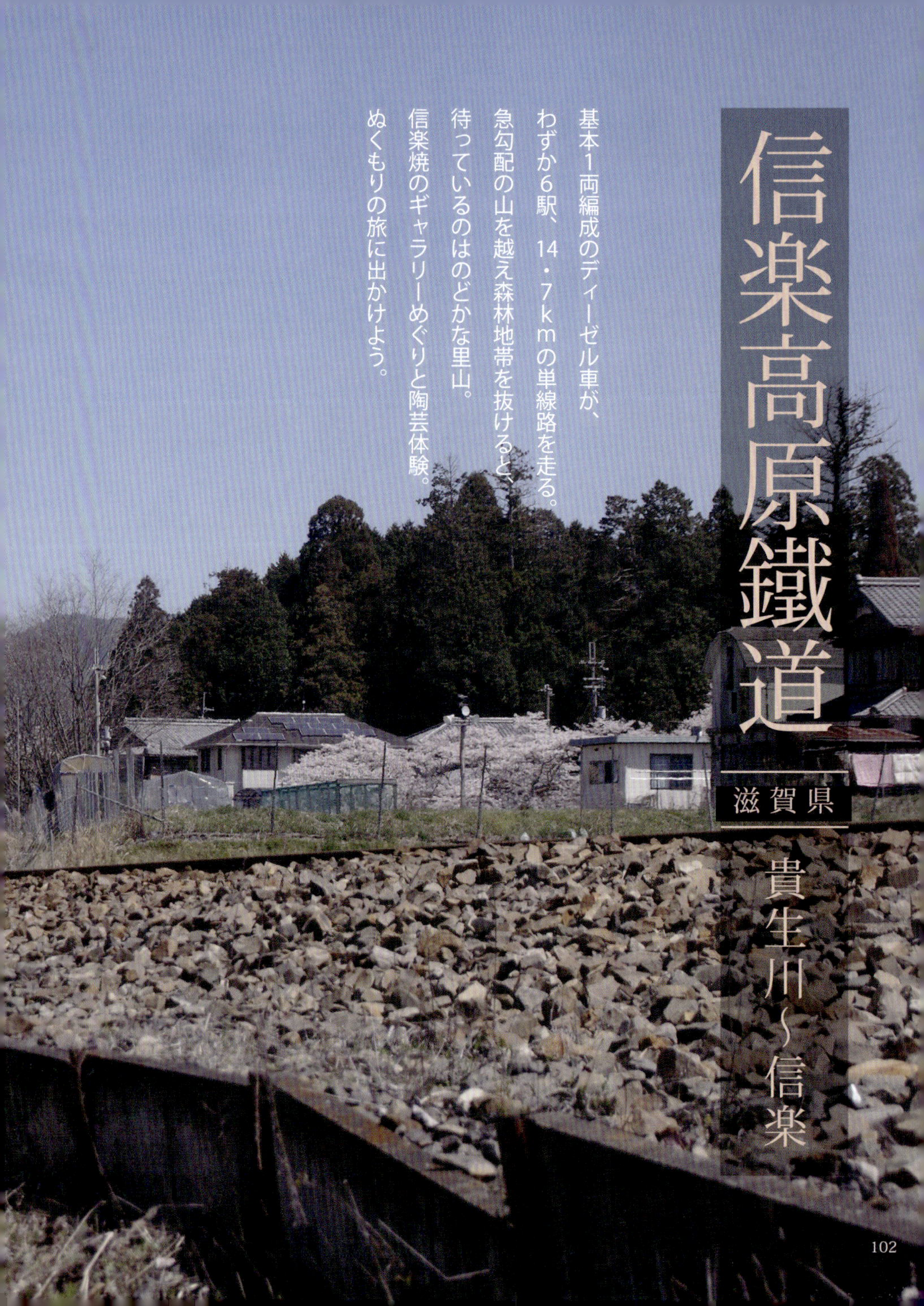

基本データ

開　業／1987(昭和62)年7月13日

駅　数／6駅　路線距離／14.7km

軌　間／1067mm　最高速度／80km/h

写真：勅旨～玉桂寺前

■信楽高原鐵道のあゆみ

赤字、豪雨災害、未曾有の事故 苦難の歴史を地域が支えた

何度かの廃線危機に耐え第三セクターとして再出発

信楽線の起源となったのは、１９２２（大正11）年に改正された鉄道敷設法で予定線として示された区間の一つ、滋賀県の貴生川《きぶかわ》と京都府の加茂（現・関西本線）を結ぶ鉄道だった。

１９２９（昭和４）年に着工、１９３３（昭和８）年、貴生川から途中の信楽までが国鉄信楽線として開業。中間駅は雲井駅のみだった。信楽から先の加茂まではバスが運行されたが、鉄道は建設されなかった。

第２次世界大戦が始まると、最初の廃線危機が訪れる。１９４３（昭和18）年、戦況が悪化し物資が不足すると、不要不急線として、レールや枕木が供出され、廃線状態となった。

信楽焼きの産地として鉄道は全国発送に欠かせないインフラ。戦後になると沿線住民が立ち上がる。周辺の森林から木材を切り出し、労働奉仕を行ったのだ。集まった枕木は２万３千本にもなったという。こうして、再びレールは敷設され、１９４７（昭和22）年、信楽線は運転を再開した。

その喜びは長くは続かず、５年後の１９５３（昭和28）年８月、今度は豪雨がこの地を襲った。雲井～信楽間の「第一大戸川《だいどがわ》橋梁」が流失、線路内にも大量の土砂が流れ込んだのだ。

それでも、連日職員総出、手作業で復旧にこぎつけた。橋梁は国内初のプレストレスコンクリート（鋼材による圧縮力であらかじめ強度を増したもの）で再建された。

しかし、苦難はさらに繰り返される。１９６８（昭和43）年、国鉄諮問委員会により、廃線路線に指定される。ここでも沿線住民らが「乗って残そう信楽線」のスローガンのもと、利用促進運動を展開し、危機を回避する。それでもモータリゼーションの発達により、赤字ローカル線としての道は続いた。

１９８６（昭和61）年、特定地方交通線の廃止対象路線になると、滋賀県や自治体は、第三セクター方式で引き継ぐことを決定。翌年

写真：奉仕作業に従事した町民／信楽高原鐵道株式会社提供

2月、信楽高原鐵道が発足。7月、信楽線は民営化により誕生したJR西日本から運行が引き継がれた。

未曾有の大惨事、台風被害

再スタートをきった信楽高原鐵道は、途中駅の増設や新車の導入、列車増発などを行う。開業以来黒字となり、経営は順調に進み始めたかに思われた。

1991（平成3）年4月20日、信楽で「世界陶芸祭」が開幕する。事前に来場者輸送が路線容量をはるかに超えるとし、県の要請を受け旧来の設備を大改修。単線の路線の中間部に小野谷信号所を設け、列車の行き違いを可能にして運行本数を倍増する工事を実施していた。

運命のその日、5月14日。小野谷信号場で行き違うはずだった信楽高原鐵道の貴生川行き列車と、JR西日本から乗り入れた信楽行き臨時快速列車が、信号場と紫香楽宮跡《しがらきぐうし》駅の間で正面衝突。42人が死亡、600人以上が負傷する大惨事となった。

この事故により信楽高原鐵道は、12月までの半年間にわたり全線運休。運転再開後は小野谷信号場を休止して閉塞《へいそく》方式を変更、JRの直通運転も中止された。

遺族や負傷者への被害弁償に追われ、多額の債務が経営を圧迫していった。

こうした信楽高原鐵道を救済するべく、JR西日本、県や市などは2013（平成25）年3月までに債権を放棄。同鉄道は、「上下分離方式」に移行。上部（運輸事業）を同鉄道が、下部（施設の保有・管理）を甲賀市が受け持つことになった。

新たな経営体系で再出発し、観光客誘致など黒字化に取り組み始めたところに、またしても試練が襲う。同年9月、台風18号による水害で、杣川《そまがわ》橋梁の一部が流され、1年以上の運休を余儀なくされたのだ。

台風被害から立ち上がった信楽高原鐵道は、観光を中心とした需要増の検討を重ねる。企業努力と市民の応援のもと、今後も存続の道を探っていくことになるだろう。

写真中：事故車両部分展示／信楽高原鐵道株式会社提供
写真下：流された杣川橋梁／甲賀市公共交通推進課提供

緑の森と里山を走り タヌキが迎える焼き物の里へ

全行程の半分以上が山越え区間

信楽高原鐵道の起点は貴生川《きぶかわ》駅。内貴、北内貴、虫生野《むしょうの》、宇川の4村が合併したときに、1文字ずつを取って命名された。近江鉄道、JR草津線との接続駅で、向かいにある草津線からはホーム上の簡易改札機を使って乗り換えができる。

短い発車汽笛を鳴らして動き出した列車は、ディーゼル音を響かせ、右にゆるやかにカーブを描いて進む。国道307号の高架を潜ると、並走していた草津線と別

写真上：たぬきの焼き物　写真下：杣川橋梁を渡る忍びトレイン

れ、半径200mの急カーブを曲がり、「杣川《そまがわ》橋梁」を渡る。左右に水田の広がる築堤の上をしばらく真っ直ぐに走ると、次第に両側の車窓に木々が現れ、飯道山《はんどうさん》の南麓の森の中に入り、33‰の勾配を上っていく。振り返ると、後方には水口の町が広がっている。うなりをあげながらエンジン全開で走る列車。まさに高原鉄道だ。鬱蒼と生い茂る樹木の間からは、時折、並走する国道307号を行き交う車も見てとれる。

貴生川駅から約10分、蛇行しながら標高差170mの勾配を上りきったところで、小野谷信号場を通過する。唯一の行き違い設備(渡り線)だったが、1991(平成3)年5月の列車衝突事故以来使われることがなくなった片方の線路は錆び付ついている。信号場を過ぎると下り勾配となり、水口町から信楽町に入ったところで、地上の国道307号と高架の新名神に挟まれた珍しい三重の立体交差を横切る。

森を抜け、右手に慰霊碑が立つ事故現場を過ぎると、やっと最初の停車駅・紫香楽宮跡《しがらきぐうし》駅に到着する。ここまで9.6㎞で所要時間は15分。全行程の半分以上を山越えに費やしたことになる。

森林地帯を抜けるとのどかな里山の風情

紫香楽宮跡駅は、第三セクター

写真上：貴生川～紫香楽宮跡　写真中：小野谷信号場
写真下右：三重の立体交差　写真下左：慰霊碑

転換時に新設された駅で、北西に徒歩15分のところに、奈良時代の一時期、聖武天皇が都とした「紫香楽宮」の跡があり、松林の中に金堂跡や経堂跡、鐘楼跡などの礎石が残っている。また、宮跡のある丘の前には紫香楽病院があり、通院でこの駅を利用する人も多いという。

列車は信楽盆地に入っていく。次の雲井駅までは、わずか1分だ。沿線の桜スポットの一つである雲井駅は、国鉄信楽線が開業したときの唯一の中間駅。二本の大木が寄り添う古びた木造駅舎で、その風情ある佇まいからドラマのロケ地にもなった。近くに小学校があり、朝夕は児童たちの姿も見られる。

雲井駅を出てすぐに、太鼓踊で有名な「日雲《ひぐも》神社」の境内を横切ると、一気に視界が開け、列車はのどかな里山風景の中を一直線に走っていく。

約3分で勅旨《ちょくし》駅。勅旨という地区にあるので、この名前がついた。次の玉桂寺前《ぎょくけいじ》駅までの沿線には、天神神社前の大きな桜、大戸川《だいどがわ》手前の桜並木など、列車と桜の撮影ポイントがある。

日本初の本格的なプレストレスコンクリート橋で、国の登録有形文化財に登録されている「第一大戸川橋梁」を渡ると、田園の中にぽつんと佇む玉桂寺前《ぎょくけいじ》駅に停車する。ここも第三セクター転換時

写真上右：紫香楽宮跡（甲賀寺跡）　写真上左：雲井駅　写真中右：日雲神社
写真中左：勅旨〜玉桂寺前　写真下：第一大戸川橋梁

に開業した駅である。駅から「保良の宮橋」と呼ばれる長さ100mほどの吊り橋を渡ると玉桂寺がある。勅旨の弘法さん、信楽の弘法さんとして長く親しまれている高野山真言宗のお寺で、境内に入ると地上13mの不動明王が目をひく。秋の紅葉も見どころだ。

玉桂寺前駅を出ると、列車はまた緑の森の中に入り、大戸川沿いを走る。沿線の中でも、ひときわ豊かな自然を感じさせてくれる時間だ。

森を抜け、ふたたび大戸川を渡ると、目前に赤レンガの煙突が目立つ焼き物の町らしい風景が現れる。土手の上に敷かれた線路を一直線にたどり、終点の信楽駅に近づく。右手に車庫を見ながら徐々にスピードを落とした列車は、ずらり並んだタヌキの焼き物（約90体）が乗客を迎えるホームに到着した。

写真上：玉桂寺駅　写真中右上：保良の宮橋　写真中右下：玉桂寺
写真中左：玉桂寺前〜信楽　写真下右：車庫　写真下左：たぬきが出迎える信楽駅ホーム

終着駅・信楽から始まる焼き物の故郷めぐり

信楽駅の駅舎は、第三セクター転換時に建て替えられた三代目。構内の売店奥に、列車衝突事故を風化させないために、事故の部品や資料を展示した「セーフティしがらき」のコーナーが設けられている。安全運行を怠らないという、職員自身の強い意思を示しているのだろう。

駅前では、高さ5mの大きな信楽焼のタヌキがお出迎え。信楽を訪れた観光客や、日々利用する学生たちを見守っているようだ。

信楽は全国に知られる陶芸の町。備前、越前、瀬戸、常滑、丹波と並ぶ「日本六古窯《にほんろっこよう》」の一つ。お茶の歴史が古い土地でもあり、室町・桃山時代には茶道具の一大産地となっている。

駅前から続く古い町並みには今も多くの窯元があり、登り窯や無造作に積まれた焼き物が目に入る。窯元を巡りながら、お気に入りの陶器を探してみよう。「信楽陶芸村」はたぬき作りや灯り作りの陶芸体験ができる施設。登り窯を改装したカフェも営業しているので、休憩には最適だ（完全予約制）。

ちょっと足を伸ばすなら「滋賀県立陶芸の森」。信楽焼はもちろん、世界の陶器に出会える陶芸のテーマパークだ。四季折々の散策スポットとしてもお勧めできる。

信楽でしか体験できない、ぬくもりのある旅。豊かな時間を楽しんでいただきたい。

写真上右：信楽駅構内　写真上左：信楽駅前の大たぬき
写真中：壷文製陶（文五郎窯）のギャラリー　写真下：登り窯カフェ

日本有数の施設美術館 ミホミュージアムへ

ミホミュージアムは、信楽町郊外の山中にある美術館。1997（平成9）年に開館した。日本、エジプト、西アジア、ローマ、南アジアなど、世界の美術作品約3000件以上がコレクションされている。設計は、ルーヴル美術館のガラスのピラミッドで有名なI・M・ペイ。桃源郷をモチーフにし、自然・建物・美術品の融合をテーマにしているという。建築面積の8割が地下に造られているのも、周囲の自然環境保全に配慮したものである。4月の中旬には、エントランスから美術館へ続くしだれ桜の並木道を抜け、トンネルの中から振り返ると、トンネルの側面がピンクに染まり、えもいえぬ絶景に出会えるはずだ。

信楽駅からバスで約20分。本数が少ないので、あらかじめ時間の確認を。

火への感謝と安全を願う しがらき火まつり

焼き物づくりに欠かせない、火への感謝と火に関わる安全を願って、江戸時代から続くまつり。新宮神社から愛宕山山頂、そして終点となる信楽地域市民センターまで、数百本の松明が連なり、信楽に幻想的な夜を演出する。毎年7月の最終土曜日に開催。信楽駅から徒歩約5分。

冬の信楽を彩る しがらきイルミネーション

地元のボランティアスタッフにより、信楽駅駅舎をはじめ、ホームや街路樹、モニュメントが電飾で彩られる。大タヌキもサンタの衣装でお出迎え。12月から1月中旬まで。

写真上：ミホミュージアム／ミホミュージアム提供
写真下右：しがらき火まつり／信楽町観光協会提供　写真下左：しがらきイルミネーション

信楽高原鐵道の車両

●SKR500 形

SKR200形の置き換え用に製造。2017年に営業運転を開始した。SKR400形の外観デザインと統一感を持たせ、主要装備も継承。座席シートは進行方向を向いて座ることができる転換クロスシートを採用した。定員105名。

●SKR400 形

SKR300形の置き換え用に製造。2015年に営業運転を開始した。列車情報制御装置（TICS）を搭載し、運転台からの指令を全て電子制御に変換し、コンピュータで一括管理するシステムを採用することで、操作性と安全性が向上した。定員122名。

●SKR310 形

SKR300形をベースに、ブレーキの二重化を初期装備し、機関を217kW（295ps）の高出力に変更した。定員94名。忍びトレインとして運用している。

過去の車両

●SKR300形

平成27年に、約20年にわたる現役を引退。翌年より、紀州鉄道にて活躍している。

●SKR200形

昭和62年の開業当初に導入。平成29年に現役を引退した。

おすすめの企画列車 ※運行日など詳細はＨＰでご確認ください

●サンタ列車（12月）

毎年12月になると、クリスマス装飾で飾られた「サンタ列車」が運行される。毎回サンタが乗車、子供たちにはプレゼントも用意されている。（団体予約も受け付けている）

●七夕列車（7月）

列車内を色とりどりの吹流しや園児絵画などの七夕かざりが彩る「七夕列車」を2日間限定で運行。ゲストによる楽曲コンサートも開催される。

サンタ列車

七夕列車

写真：すべて信楽高原鐵道株式会社提供

路線図

●…駅名　★…駅付近の観光名所　■…橋梁など

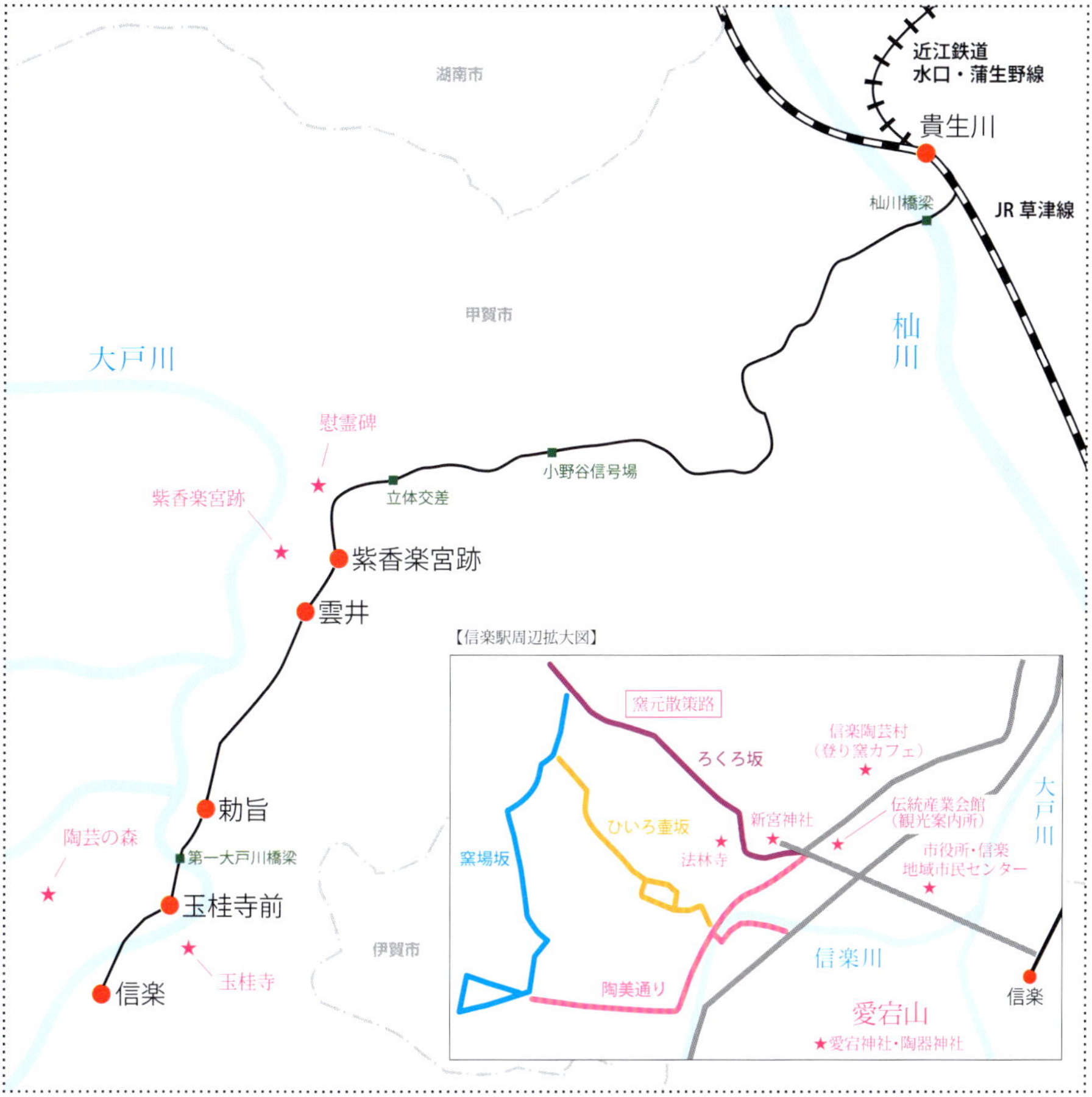

主な停留場までの所要時間と運賃

貴生川から >>

紫香楽宮跡	15 分	大人 410 円
		小児 210 円
信楽	24 分	大人 470 円
		小児 240 円

お得なきっぷ

1 日フリー 1000 円

信楽高原鐵道株式会社

TEL 0748-82-3391

https://koka-skr.co.jp

京阪大津線

京都府
滋賀県

京津線（御陵～びわ湖浜大津）
石山坂本線（石山寺～坂本比叡山口）

地下鉄、登山電車、路面電車
3つの顔で旧東海道を辿る京津線。
琵琶湖に沿って、紫式部ゆかりの石山寺と
比叡山下の坂本を南北に貫く石山坂本線。
京阪大津線はこの2つの路線の総称だ。
個性的な路線、移り変わる車窓の風景は
鉄道旅の楽しさを何倍にも大きくしてくれる。

基本データ

●京津線

全通／ 1925(大正14)年 5月 5日

駅数／ 7 駅

営業総キロ数／ 7.5km

軌間／ 1435mm

最高速度／ 75km/h

●石山坂本線

全通／ 1927(昭和2)年 9月10日

駅数／ 21 駅

営業総キロ数／ 14.1km

軌間／ 1435mm

最高速度／ 70km/h

写真：三井寺〜大津市役所

■京阪大津線のあゆみ

京都と大津を結ぶ鉄道として開業
地下鉄乗り入れで、路線短縮に

京津線と石山坂本線の前身

現在の京阪電気鉄道大津線である京津線と石山坂本線には、それぞれに前身がある。

１９０６（明治39）年、「京津電気軌道」が、旧東海道に沿って京都市と大津市を結ぶ鉄道の敷設を出願。日本初の電車を走らせた京都電気鉄道などと競願となったため、１９１０（明治43）年、政府の要請により両者が合流して、新しい京津電気軌道が発足する。１９１２（大正元）年、１４３５㎜の標準軌道を採用して、古川町～札ノ辻《ふだのつじ》間が開業した。

１９２５（大正14）年、古川町～三条大橋まで延伸していた京津電気軌道は、京阪電気鉄道と合併、京阪電気鉄道の京津線となる。１９３４（昭和９）年には、三条大橋～浜大津間で急行運転が開始された。さらに、日本初の連接車・60形「びわこ号」が新造され、天満橋～浜大津間を72分で結ぶ直通列車となった。

一方、１９１３（大正２）年３月に、石山坂本線を開業したのは「大津電車軌道」。こちらも標準軌道で、大津～膳所《ぜぜ》。翌年には石山まで延伸した。１９２２（大正11）年に大津～三井寺間、１９２７（昭和２）年には三井寺～坂本間が延伸、石山～坂本間が全通した。

１９２９（昭和４）年、坂本への延伸線の業績が振るわず、京阪電気鉄道の傘下に入ることになる。こうして、京阪電気鉄道の京津線と石山坂本線、併せて大津線が誕生。１９３９（昭和14）年には、浜大津駅で両線の連絡線も完成した。

新生京阪電鉄の大津線に

しかしこのまま、京阪大津線が安

写真：びわこ号

泰だったわけではない。１９４３（昭和18）年、京阪電気鉄道は阪神急行電鉄と合併。大津線は「京阪神急行電鉄」の路線となる。さらに、戦時体制下では、石山坂本線の一部が単線化され資材が転用されたり、電力節約のため沿線の数駅が休止を余儀なくされたりすることもあった。

　１９４９（昭和24）年８月、四宮車庫で火災が発生し、多くの車両が焼失。これが京津線の車両改良のきっかけにもなった。

　同年12月、京阪電気鉄道は、京阪神急行電鉄から分離独立。京津線、石山坂本線は再び新生なった京阪電気鉄道の路線になったのである。以後、所要時間の短縮、輸送力の増強が進められていく。

　１９７０（昭和45）年、京津線に過速度防止装置導入。逢坂山《おうさかやま》越えの急勾配対策である。

　１９８１（昭和56）年、京津線と石山坂本線の浜大津駅を移転して統合するが、京津線から石山坂本線への直通運転は廃止され、各線での分離運転となった。

地下鉄に乗り入れ

　京津線は、京都市と大津市を結ぶ鉄道であるが、京都市東部から中心部への通勤・通学路線としての役割も持っていた。しかし、その機能が十分でないとし、この区間に京都市営地下鉄東西線を走らせようとする構想が持ち上がる。

　１９８７（昭和62）年、京阪本線の地下化に伴って、三条駅での京津線との連絡が分断されることになる。

　１９９７（平成９）年10月、地下鉄東西線の醍醐〜二条間が開業。京津線の京津三条〜御陵《みささぎ》間の路線は廃止される。この区間は、地下鉄東西線に置き換えられ、京津線は地下鉄東西線に乗り入れることになった。京阪電車の片乗り入れである。こうして、京津線は京津三条〜浜大津間11・１kmから御陵〜浜大津間７・５kmに短縮されたのだ。

　地下鉄東西線の開通に対応して、石山坂本線も近代化が図られた。１９９７（平成９）年、京阪の路線はすべて複線・複々線となる。関西の私鉄では初めてのことで、全国的にも３番目のことだった。

写真：統合された浜大津駅

ぶらり旅

琵琶湖沿いの名所を繋いで比叡山延暦寺の門前町へ

逢坂山を越え 旧東海道をたどる京津線

京都市営地下鉄東西線に乗り入れている京阪電車の上りは、（京津線の起点となる）御陵《みささぎ》駅を過ぎると地下鉄線と分岐し、地上に出て京阪山科駅に着く。JRと地下鉄東西線への乗換駅で、「毘沙門堂《びしゃもんどう》」、「山科疎水」などの人気観光スポットの最寄り駅。今回の旅は、ここから始めよう。

山科を出た電車は、旧東海道を辿りながら大津に向かう。500mほど直進すると、すぐ次の駅「四宮《しのみや》」。仁明天皇の第4皇子の山荘があったことに由来する。駅に隣接して小さな車庫がある。

写真上：比叡山延暦寺・横川・根本如法堂
写真下：京阪山科駅

両側に迫る民家の間を抜けて走ると大津市に入り、西大津バイパスの高架をくぐると右手の国道1号と並走するようになる。追分駅を出てしばらくすると家並みは減り、左上に名神高速が現れる。電車は高速と国道に挟まれた形で走っていく。やがてゆるい下りとなり、高速と分かれて右にカーブを切ると、大谷駅に滑り込む。大手私鉄の中では最大の40‰の急勾配上にある。ホームベンチは左右で脚の長さが違っている。逢坂峠の西にあたり、駅の

北を走る旧東海道に面して「蟬丸神社」が鎮座する。（蟬丸神社はこの周辺に3つあり、ここは上社・下社の分社にあたる）古くから、貴族や武人、文人たちが通ったこの道を、「これやこの行くも帰るも別れては知るも知らぬも逢坂の関」と詠んだ盲目の琵琶法師・蟬丸を関の守り神として祀ったものだ。鰻の店が軒を連ねる先に、「逢坂山関跡」の記念碑も立つ。さあ、電車で逢坂山を越えよう。

大谷駅を出た電車は、線路際に摩擦を抑えるためのスプリンクラーのついたカーブを曲がり、そのままトンネルに入る。61‰の急勾配を、ブレーキをかけつつ下り、トンネルを抜けるとほぼ直角に曲がり、再びスピードを上げる。右手に国道1号と並走して下り、民家の間を抜ける。旧・東海道本線の逢坂山トンネル入り口跡や橋脚跡が見られるのも楽しい。蟬丸神社下社の鳥居脇を通り上栄町《かみさかえまち》駅に着く。上栄町を後にし、西近江路に出た電車は、大津港に向かって、併用軌道を一気に下る。全長65m以上の4両編成の電車が堂々と道路を走る姿は圧巻だ。坂を下り終えると、大きく右にカーブして、びわこ浜大津駅に入っていく。

写真上右：四宮～追分　写真上左：大谷駅　写真中：逢坂山関跡の碑
写真下右：大谷～上栄町　写真下左：上栄町～びわこ浜大津

石山坂本線に乗り継ぎ
石積みの里・坂本へ

びわ湖浜大津駅は、橋上駅舎のある地上駅。ペデストリアンデッキからは琵琶湖を一望、観光船のりばも近く、琵琶湖観光の玄関口になっている。かつて大津城があったのはこのあたりだ。比叡山に行くには、下車したホームの反対側にやってくる石山坂本線の坂本比叡山口行きに乗り換える。

最初の停車駅「三井寺」までは、わずか2分。併用軌道となっている。三井寺を出るとすぐに、建設から120年京都を潤し続けてきた琵琶湖疏水を渡る。左手の長等山《ながらやま》中腹には天台寺門宗の総本山三井寺（園城寺）が見える。近江八景の「三井の晩鐘」で知られ、観音堂からの見晴らしはすばらしい。

三井寺から先は、石山坂本線で最後に開通した区間で、琵琶湖に沿った山麓をほぼ真っ直ぐ北上する。

民家の間を進むと、右に皇子山陸上競技場・運動公園、左に市役所のある大津市役所前駅。大津市歴史博物館も徒歩5分だ。次は京阪大津京駅。西には皇子が丘公園がひろがる。JR湖西線に乗り換えできる大津京駅も近い。

民家の間を進んで近江神宮前駅へ到着。近江神宮の御祭神天智天皇が小倉百人一首の巻頭に御製《ぎょせい》を残されたことから「かるたの殿堂」とされ、かるた祭りや競技かるたの大会が行われている。

写真上右上：大津港　写真上右下：びわこ浜大津駅　写真上左：琵琶湖疎水
写真中：三井寺観音堂　写真下右：京阪大津〜大津京　写真下左：近江神宮

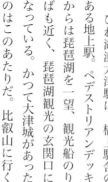

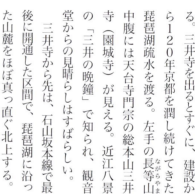

人気コミック『ちはやふる』の舞台となり、映画化の際にはロケ地になっている。また、漏刻《ろうこく》（水時計）でも知られ、境内に時計館宝物館がある。

神宮道を越えたところから、電車は県道47号と並んで走る。

南滋賀駅あたりから、琵琶湖の湖面やJR湖西線の高架線が見えるようになる。右に田畑、左の山麓に民家を見ながら、すっかり郊外型に変身した京阪電車が走る。

滋賀里駅を過ぎると、次は穴太《あのう》。穴太といえば、ここを拠点とした石工集団が、安土城などの城郭や寺院の石垣を積んだことで知られる「穴太衆積み」が有名だ。現在でも、坂本の町のいたるところで見ることができる。

また、このあたりから、近江らしい雰囲気がより濃くなり、琵琶湖の対岸には「近江富士」とよばれる三上山が優雅なその姿を見せてくれる。

続く松ノ馬場駅からは、明智光秀の居城として知られる坂本城ゆかりの地を訪ねることができる。駅から東へ歩くと、光秀の石造が立つ「坂本城跡公園」があり、その近くには「坂本城跡の碑」がある。

穴太衆積みのある民家の隣にある、最後の踏切を過ぎると、終点の坂本比叡山口駅に到着する。標準軌の軌道の日本最北端の駅である。

比叡山に登るケーブル坂本駅へは、駅前からバスで3分だが、徒歩でも15分程度なので、石積みの里・坂本の町並みを観光しながら歩いて行こう。

写真上：穴太～松ノ馬場　写真中：坂本城跡の碑　写真下右：松ノ馬場～坂本比叡山口
写真下左：坂本比叡山口駅

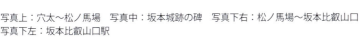

坂本ケーブルで天空の聖地・比叡山延暦寺へ

日吉大社へと続く県道の両脇には、穴太衆積みの土塀をめぐらした里坊が並ぶ。その一つ「旧竹林院」、天台座主の御座所「滋賀院門跡」や「慈眼堂《じげんどう》」、明智光秀一族の墓のある「西教寺」など見所いっぱい。機会があれば、坂本の町の散策も楽しんでいただきたい。

日吉大社の前を左折、ケーブル坂本駅へ。ここから日本一長いケーブルカーに乗ろう。山麓の坂本駅と山上延暦寺駅間2025mを11分で結んでいる。途中のほうらい丘駅にある「霊窟の石仏」は、ケーブル建設工事の際に発見されたもので、信長の焼き討ちの犠牲者の霊を慰めるために刻まれたという。1571（元亀2）年、比叡山は信長によって焼き払われた。したがって、現在の緑濃い木々は、その後に育ったもの。建物もすべて再建か移築されたものである。

比叡山延暦寺は広さ1700haの境内にひろがる約100の堂塔の総称で、世界文化遺産に登録されている。国宝「根本中堂《こんぽんちゅうどう》」（大改修中。参拝は可）や「大講堂」のある東塔エリアは〈現在〉、「にない堂」や「釈迦堂」のある西塔は〈過去〉、「横川中堂《よかわちゅうどう》」「元三大師堂《がんざんだいしどう》」のある横川エリアは〈未来〉を祈るところとされているので、三塔すべてを回って、悠久の歴史と山頂から臨む大自然を満喫しよう。

帰りは、比叡山頂駅から叡山ロープウェイ、叡山ケーブルを乗り継いで、京都市内の八瀬に降りることもできる。

写真上右：穴太衆積みの土塀　写真上左：日吉大社　写真中右：ケーブル坂本駅
写真中左上：比叡山延暦寺・東塔・文殊楼　写真中左下：比叡山延暦寺・横川・横川中堂
写真下：比叡山延暦寺・西塔・釈迦堂

紫式部ゆかりの古刹 石山寺へ

石山坂本線の下りに乗って、石山寺へ向かおう。びわ湖浜大津から、「浜大津アーカス」「琵琶湖ホテル」を左に見て、島ノ関駅を過ぎ、「びわ湖ホール」最寄りの石橋駅へ。ここまではほぼ直線で、湖岸に沿って走る。石橋からはさらに南に進路をとり、次の京阪膳所《ぜぜ》駅では、東海道本線の膳所駅と隣接し、JRからの乗り換えも多い。

錦駅を挟んで、膳所本町駅。徒歩7分の琵琶湖岸に「膳所城跡公園」があり、本丸跡に位置している。

膳所本町から中ノ庄駅、瓦ヶ浜駅へと、街中を、カーブを繰り返しながら進むと、右手に白鳳時代に天武天皇が造営したと伝わる「若宮八幡宮」が見える。木曽義仲が源義経・範頼の軍に敗れた場所にある粟津駅を過ぎると、古い町並みが残る京阪石山駅だ。ここでも東海道本線のJR石山駅に接続する。石山駅を出て勢田川の手前で大きく右にカーブ。一気に南下すると唐橋前駅。ほど近くに、たびたび戦乱の舞台になり、「瀬田の夕照」として近江八景に選ばれている唐橋がある。

民家に挟まれた線路を辿り、新幹線と名神高速を横切ると、終点の石山寺駅に到着だ。ホームからは、琵琶湖に注ぐ瀬田川が間近に望める。

駅から瀬田川に沿って1キロほど歩くと、立派な山門に着く。石山寺だ。寺は硅灰石《けいかいせき》と呼ばれる奇岩の上に建てられていて、ここから眺める月は「石山の秋月」として近江八景に選ばれている。

かの紫式部も、ここで『源氏物語』の着想を練ったと伝わっている。

写真上右：びわこ浜大津〜島ノ関　写真上左：膳所城跡公園　写真中：京阪石山駅
写真下右：瀬田の唐橋　写真下左：石山寺

京阪大津線の車両

●800系

京都市営地下鉄東西線に直通運転するために新造された車両。東西線内ワンマン運転のため設備・装置を搭載。広範囲にわたる電車線に対応するパンタグラフ、急曲線・急勾配・併用軌道に対応するための台車・主電動機・制御装置・ブレーキ装置や車体など、直通運転に配慮した特別設計、最新機器となっている。このほど、京阪線と大津線のイメージ統一のため、カラーの変更が行われた。

●700形

600形の増備車として計画された車両。電車線電圧1500V昇圧準備車。主回路、SIV、コンプレッサー回路の被電圧化に加え、ブレーキ装置をSME形直通ブレーキから全電気指令式ブレーキに変更された。

●600形

大津線のサービス改善を図るために新造された冷房車。複巻電動機を採用して界磁位相制御で回生ブレーキを可能とした。さらに定速制御を採用し、非常発電ブレーキも装備した。1993年から昇圧改造工事を実施し、700形と同性能としている。

かつて活躍した「びわこ号」

天満橋～浜大津(現びわ湖浜大津)間を、京阪三条を経由して直通運転するために製造された車両。車体前・後面に流線型のスタイルを取り入れ、日本で最初に連結構造が採用された。乗降用扉は高床用と低床用を、集電装置はパンタグラフとポールを併用している。現役時代の形式は60形で、3編成を製造。直通特急として使用された。現在は、63号が当時の姿に戻され、寝屋川車両基地で静態保存されている。

■イベント電車

石山坂本線では、冬季・夏季の風物詩として、電車に揺られながら温かいおでんが食べられる「おでんde電車」、冷たいビールが飲める「ビールde電車」の企画がある。

路線図

●…駅名 ★…駅付近の観光名所

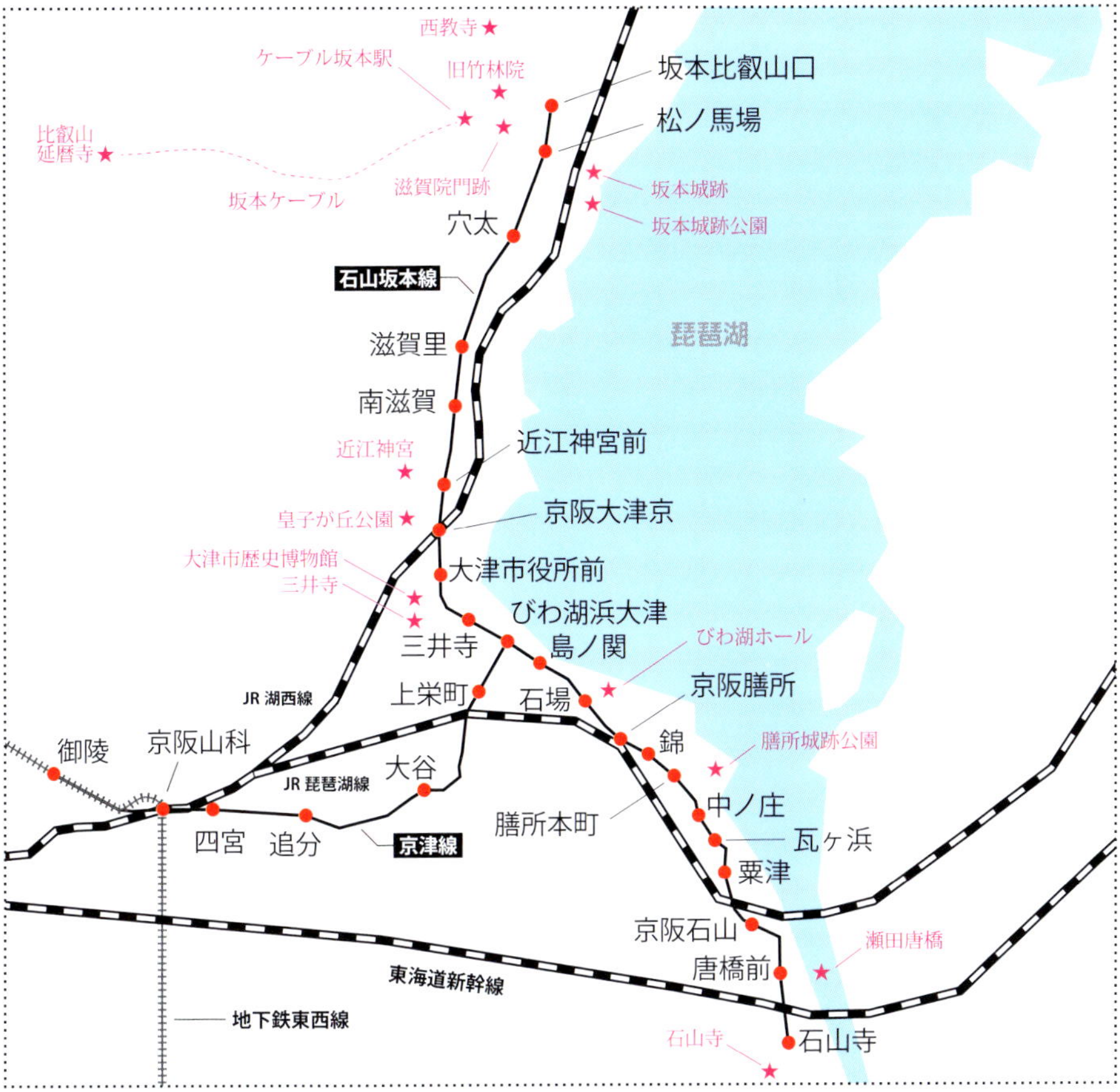

主な駅までの所要時間と運賃

・御陵～びわ湖浜大津 16分
大人240円 小児120円

・びわ湖浜大津～坂本比叡山口 16分
大人240円 小児120円

・びわ湖浜大津～石山寺 16分
大人240円 小児120円

京阪電気鉄道株式会社

TEL 06-6945-4560（お客さまセンター）

http://www.okeihan.net

お得なきっぷ

●びわ湖1日観光チケット

京阪電車大津線全線、乗り降り自由

大人700円 小児350円

※2020年3月31日まで

小さな鉄道のぶらり旅 こぼれ話

■信楽高原鐵道

スカーレット列車で、朝ドラの舞台へ。

2019年後期のNHK連続テレビ小説「スカーレット」の舞台は、滋賀県甲賀市信楽町。信楽高原鐵道では、放送を記念したスカーレットラッピング列車が運行されている。車内も陶芸をモチーフにして可愛くデザインされており、出発式に参加した主演の戸田恵梨香さんのサインも書かれている。どこにあるか探してみよう（運行は2020年3月まで）。

■天竜浜名湖鉄道

天浜線の駅弁は、天竜二俣駅で。

天竜二俣駅で長年愛されている駅弁の一つが「まいたけ弁当」（税込み1,000円）。地元産まいたけの炊き込みご飯と、四季折々のおかずがたっぷり入っている。他に「鰻どんこ弁当」「紅の助六弁当」がある。毎週土日と祝日、天竜二俣駅で10時より販売（平日は事前予約のみ）。

■城北線

元旦だけの「初日の出号」。

城北線には元旦にだけ運行する臨時列車がある。その名も「初日の出号」。勝川駅～枇杷島駅の間を、上り下り、それぞれ1本ずつが運行される。それぞれにビューポイントがあり、一時停止（約10分間）して初日の出を待つ。この貴重な「初日の出」の絶景は、上空約20mを走る、城北線ならではの特権だ。詳しくは城北線のホームページ参照。

■リニモ

完全自動無人運転だけど、たまに運転手さんが乗っている。

リニモの運行は、原則、完全自動無人運転で運転手は乗車しない。しかし、たまに人が運転を行っている時がある。完全自動無人運転とはいえ、万一に備えてリニモ社員の多くが運転免許を取得して、一定の期間で有人運転を行って運転技術の維持に努めているからだ。だから、たまに人が運転をしている時があるのだ。

■京阪大津線

大津絵のある駅、追分。

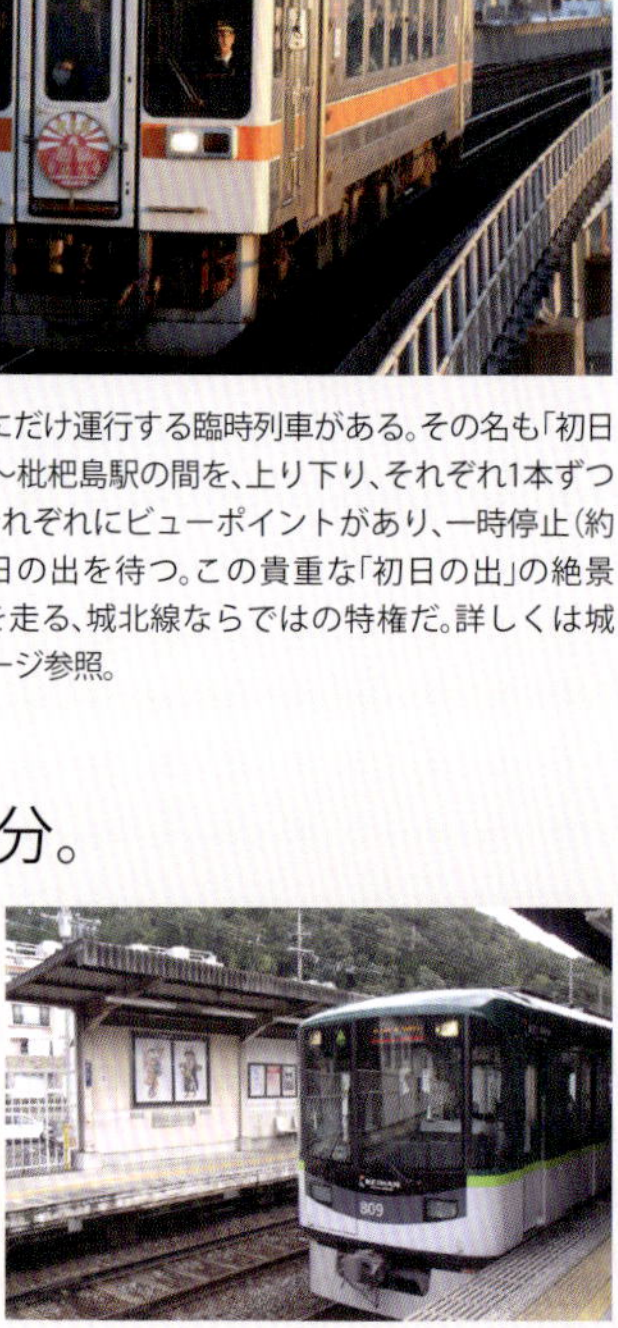

京津線の追分駅のホームの壁面には「大津絵」の複製が２枚ずつ掲げられている。駅の南西にある髭茶屋追分（旧東海道と大津街道の分岐）が大津絵の発祥の地とされるからだ。大津絵は寛永年間（1624-1644）に仏画として描かれはじめ、やがて世俗画へと転じ、東海道を旅する旅人たちの土産物・護符として人気を博した。

■豊橋鉄道市内線

きっかけは、赤ちょうちん大好き部長。

夏のビール電車が好評のうちに10数年を迎えた頃、今度は冬の企画をと提案した当時の社長に、赤ちょうちんが大好きな鉄道部長が出した答えは「やっぱり冬はおでん」。かくして「おでんしゃ」が誕生した。試行錯誤の末スタートしたものの、反響はいまいち。3年目から(ビール電車のノウハウを活かして)生ビール飲み放題にすると集客は軌道に乗り、今や大人気の企画列車となっている。

運行開始当時のおでんしゃ→

■名松線

野生の鹿がお出迎え。

三重大学 三重創生ファンタジスタクラブ 提供

名松線に乗っている時に、突然警笛が鳴ったら、前方の線路を見ていただきたい。もしかしたら鹿が線路に紛れ込み、進路をふさいでいるかもしれない。運転手の話によれば、名松線の線路内には週に何回か鹿が現れ、そのつど警笛を鳴らしてゆっくり徐行するか、一時停止するそうだ。旅人には微笑ましい光景だが、地元ではあまり歓迎されていないらしい。

■伊勢鉄道

JRも走る伊勢鉄道の線路。

JR関西本線とJR紀勢本線をショートカットする伊勢鉄道には、JR関西本線と紀勢本線を結ぶ「特急南紀」「快速みえ」も走っている。回送列車も伊勢鉄道を経由することで、このショートカットの恩恵を受けている。回送列車なので乗車することはできないが、1両編成で走るキハ11形や4両編成で走るキハ25形を伊勢鉄道線内で見ることができる。

■静岡鉄道

ありがとう創立100周年。

静鉄グループは、2019(令和元)年5月1日に創立100年を迎えた。1919(大正8)年に駿遠電気株式会社(現在の静岡鉄道株式会社)を設立。以来100年。「人がより楽しく豊かに生きる毎日」をめざし、静岡の街や人とともに歩み、ともに歴史を刻んできた。このたび、「創立100周年記念ラッピング車両」、「静岡レインボートレインズ」をはじめとする新型車両A3000形を導入。

■遠州鉄道

鉄道の平和を守る「アカデンジャー」。

赤いスーツとヘルメットに黒いマント姿の「アカデンジャー」。赤電のマスコットキャラとして活躍する知る人ぞ知るヒーローだ。得意技は、「指差し確認」と「減CO2(げんこつ)パンチ」。乗車マナーの啓発を目的に誕生したもので、運転士や駅員らがつくる企画推進委員のメンバーが変身して、遠鉄のイベントや交通安全運動などを盛り上げている。

長屋良行（ながや　よしゆき）

北海道旭川市生まれ。広告代理店・株式会社三晃社に勤務。愛知県や名古屋市の武将観光にかかわるプロモーションを担当。

「名古屋おもてなし武将隊」、「徳川家康と服部半蔵忍者隊」を企画。

著書に『古地図で歩く城下町なごや』（名古屋市）、『歴史物語を歩く』『続・歴史物語を歩く』（ゆいぽおと）。

共著に『東海戦国武将ウオーキング』（風媒社）、『東海の山車とからくり』『小さな鉄道の小さな旅』（ゆいぽおと）。

本書での担当は「静岡鉄道 静岡清水線」「東海交通事業 城北線」「リニモ」「伊勢鉄道」「JR東海 名松線」。

水崎薫（みずさき　かおる）

三重県伊勢市生まれ。広告代理店・株式会社三晃社に勤務の後、
グループ会社・株式会社三晃社コミュニケーションデザインに移籍。クリエイティブディレクター。
共著に『東海戦国武将ウオーキング』（風媒社）、『東海の山車とからくり』『小さな鉄道の小さな旅』（ゆいぽおと）。
本書での担当は「天竜浜名湖鉄道」「遠州鉄道」「豊橋鉄道 市内線」「信楽高原鐵道」「京阪大津線」。

＊鉄道の所要時間や運賃、施設の開館日や入場料などの情報は取材時のものです。

小さな鉄道のぶらり旅

2019年12月15日　初版第1刷　発行

著者　長屋良行
　　　水崎　薫

発行者　ゆいぽおと
〒461-0001 名古屋市東区泉一丁目 15-23
電話　052（955）8046
ファクシミリ　052（955）8047
http://www.yuiport.co.jp/

発行所　ＫＴＣ中央出版
〒111-0051 東京都台東区蔵前二丁目 14-14

装丁　三矢千穂
本文デザイン　上野浩二
印刷・製本　亜細亜印刷株式会社

内容に関するお問い合わせ、
ご注文などは、すべて上記ゆいぽおとまでお願いします。
乱丁、落丁本はお取り替えいたします。

ISBN978-4-87758-471-9 C0026

ゆいぽおとでは、ふつうの人が暮らしのなかで、少し立ち止まって考えてみたくなることを大切にします。
テーマとなるのは、たとえば、いのち、自然、こども、歴史など。
長く読み継いでいってほしいこと、いま残さなければ時代の谷間に消えていってしまうことを、
本というかたちをとおして読者に伝えていきます。